约翰-科尔曼博士

石油战争
美国石油战争的历史

美帝国主义是经济演变的致命产物。试图说服我们的北方邻国不要成为帝国主义者是没有意义的，他们不可能不成为帝国主义者，无论他们是多么好心。

环球报》，墨西哥城，1927年10月

OMNIA VERITAS®

约翰-科尔曼

约翰-科尔曼（John
Coleman）是一名英国作家，也是秘密情报局的前成员。科尔曼对罗
马俱乐部、乔治-
西尼基金会、福布斯全球2000强、宗教间和平座谈会、塔维斯托克研
究所、黑人贵族和其他与新世界秩序主题接近的组织进行了各种分析
。

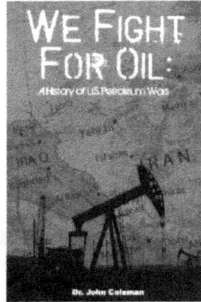

石油战争
美国石油战争的历史

*WE FIGHT FOR OIL
A history of US Petroleum Wars*

译自英文，由Omnia Veritas有限公司出版。

© Omnia Veritas Ltd - 2022

OMNIA VERITAS®

www.omnia-veritas.com

美国石油战争的历史是一项正在进行中的工作，它始于威尔逊总统在坦皮科登陆的美国军队。未来的历史学家很可能要填补这些空白。美国介入波斯（现在的伊朗）和美索不达米亚（现在的伊拉克）的历史是以追求和控制石油这一不可缺少的自然资源为中心的。考虑到这一点，读者很可能会得出这样的结论：来自美国（和英国）的信息应该用大把的盐来衡量。

石油外交受商业和可能的军事考虑的支配。因此，自伍德罗-威尔逊以来，每一位美国总统在制定美国外交政策时都考虑到了石油利益。麦金利总统宣布，"孤立不再可能"，而威尔逊总统也赞同这一观点，他说："无论我们喜欢与否，我们都是世界生活的参与者。所有国家的利益也是我们的利益。我们与他人是合作**伙伴**"。

因此，这本书触及或应该触及每一个美国人，因为现代国际力量是经济的，就像所有的战争都源于经济。下次你的儿子和女儿被召唤为国家而战时，请记住这一点。如果伊拉克没有巨大的石油资源，美国今天还会在这个国家陷入困境吗？对国内石油短缺的恐惧似乎是起作用的驱动力。美国对外国资源的争夺已经成为国际事务中的主要因素。这些都是本书所研究的问题，每一个对自己国家的未来感兴趣的美国人都应该阅读。

第一章

石油工业对石油的追求

我们当然需要一个清晰、简明、易懂的指南，以了解与原油国家的长期
"冲突"。1855年4月16日，耶鲁大学的本杰明-
斯蒂尔曼和乔治-
比塞尔在收到宾夕法尼亚州泰特斯维尔某些地区出现厚重
、黑色、粘稠的泥浆的报告后，向投资者提供
"岩油"。俄罗斯此前曾在巴库提到过类似的调查结果。毕
胜立即命令埃德温（"上校"）德雷克在泰特斯维尔钻探石
油。

除了约翰-D-洛克菲勒，没有人对   "泥浆
"有任何用途，他是销售这种产品的克利夫兰贸易公司的唯
一所有者。后来，他与合**伙人亨利**-
弗拉格勒一起成立了一家产品公司，将其作为灯油出售，
并以**另一种方式将其包装成治**疗癌症的药物。该公司迅速
发展到45万美元的价值，这在当时是一个天文数字。事实
上，正是约翰-D-
洛克菲勒和他的标准石油公司，以其无数的变化，不仅在
美国，而且在全世界成为一种威胁。标准石油公司简单地
吸收或摧毁了其在俄亥俄州克利夫兰的大部分竞争，然后
在美国东北部的其他地区。

洛克菲勒赢得了 "灯具商人 "的绰号，部分原因是他的产品
"Brite
"点亮了**每个美国家庭的灯，但也是**对他作为世界上最秘密

的社团--光明会成员的狡辩，其中包括世界上的所谓"精英"。

1859年8月27日，德雷克在他的钻探地点发现了石油。在Kuhn Loeb和罗斯柴尔德控制的法国银行巨头Paribas的融资支持下，标准石油公司（1870-1911）在标准石油公司成立的1870年拥有或控制了美国所有炼油厂的95%，到1879年，标准石油公司拥有并控制了美国90%的炼油能力。

1863年，约翰-D-洛克菲勒遇到了一位名叫塞缪尔-安德鲁斯的化学家，他发明了一条提炼石蜡的捷径。安德鲁斯签约成为合伙人，后来弗拉格勒加入了一个名为洛克菲勒、安德鲁斯和弗拉格勒的伙伴关系。

1906年，美国政府试图拆散洛克菲勒的标准石油信托公司，因为它垄断了石油这一战略商品。公众认为它是一个邪恶的企业，有一个州的法律攻击，1904年Ida Tarbell的**揭露**（《*标准石油的历史*》）。参议院寻求美国司法部的帮助，1909年向联邦法院提起诉讼，声称标准公司采取了以下方法，相当于垄断行为。

> 有利于铁路协会的回扣、优惠和其他歧视性做法，通过控制管道进行限制和垄断，对竞争的管道采取不公平的做法，与竞争者签订限制贸易的合同，竞争的方法，如在必要时降低当地的价格，以压制竞争，经营虚假的独立公司，为同一目的支付石油折扣。

1911年5月5日，最高法院下令解散标准石油信托公司的垄断。评委们说。

> 七个人和一个公司机器合谋反对他们的同胞。为了共和国的安全，我们现在下令，这一危险的阴谋必须在11月15日前结束。

1904年在24期《*麦克卢斯杂志*》上发表的艾达-塔贝尔对约翰-

D.的叙述，暴露了他们中间的章鱼，这让太多的人感到震惊，**似乎**终于要对洛克菲勒基金会采取坚决的行动了。但可惜的是，这只是一种幻觉。洛克菲勒没有被最高法院对他的判决这样的小事所吓倒，他只是把这个巨人分成了不同的公司，在**每个公司中保留了**25%的多数股权。这种分裂实际上丰富了洛克菲勒，特别是在标准公司的威廉-伯顿（William Burton）**开**发了一种热裂解工艺，提高了原油中汽油的产量。

企业国家已经达到了这样的程度：企业法西斯主义现在将成为所有重大外交政策决定的控制机关，甚至是最重要的战争与和平。1910年，墨西哥在以维拉克鲁斯和坦皮科为中心的墨西哥湾沿岸发现了大量的石油矿藏，此后不久，墨西哥首先感受到了美帝国主义的鞭挞。

这一切都始于威尔逊总统为标准石油公司的利益行事，以最微弱的借口向维拉克鲁斯派遣军队。美国并不打算接管墨西哥，而是要**确保墨西哥的石油仍然在美国公司的控制**之下。

美国煽动一场又一场的革命，使墨西哥处于动荡状态，而标准和英国利益集团则肆无忌惮地掠夺其石油。约翰-D再次对那些担心他的 "危险阴谋 "的人竖起了大拇指。

英国的利益由考德利勋爵（Weetman Pearson）接管，他于1901年在拉雷多的偶然延迟停留使他能够通过他在1910年成立的墨西哥鹰石油有限公司获得墨西哥石油。在第一次墨西哥   "革命   "之后，韦特曼-皮尔逊将他在墨西哥的所有石油控股权卖给了荷兰皇家壳牌公司，这是一家源于英荷的跨国公司。壳牌注定要成为一家 "超级大户 "的石油公司。

欧洲的战争给了墨西哥一个喘息的机会，使正式当选的卡兰萨总统能够起草一部1917年批准的国家宪法。与美国媒体中的豺狼人的说法相反，韦努斯蒂亚诺-

卡兰萨将军不是一个野蛮的革命者，而是一个来自富裕家庭的有学问的人，受过良好教育。他曾是州议员和副州长，从各方面来看，他是一个真正的墨西哥爱国者。标准公司和石油大亨的黑点是第27段，该段规定国家"直接拥有所有矿物、石油和所有碳氢化合物，包括固体、液体或气体。现在，外国人在墨西哥做生意的唯一途径是签署一项协议，完全尊重和遵守墨西哥法律。由于藐视美国（洛克菲勒），**卡**兰萨在1920年被暗杀。

随后，为了从墨西哥石油的合法所有者手中夺取其控制权，**开展了一**场达到最高堕落程度的诽谤性造谣运动。但当这一做法失败后，所有主要的西方石油公司在接下来的40年里抵制墨西哥石油。

当法国罗斯柴尔德家族（Alphonse和Edmond）和瑞典诺贝尔公司在1870年通过成立一家名为　　　　　　　"远东贸易公司"的石油公司将注意力转向俄罗斯时，300人委员会（[1]）**开**始发挥作用。但诺贝尔兄弟在他们定居的巴库击败了所有的石油竞争者。路德维希-诺贝尔被戏称为"巴库的石油大王"。

英国的温莎家族和荷兰的奥兰治家族（Huis Oranje）联手进入该行业，并在1903年与**壳牌石油公司达**成协议，成立了亚洲石油公司。为缓解标准石油公司、罗斯柴尔德-诺贝尔公司和一些小型俄罗斯公司之间在巴库油田的紧张**关系所做的努力没有成功。**

荷兰皇家壳牌石油公司的成立是为了在苏门答腊、印度尼西亚和远东其他地方开采石油。他们的　　　　　　　"300"成员资格打开了所有的大门。

300人委员会　　"将日常业务交给希尔-塞缪尔公司的马库斯-

---

[1]　　　　参阅《*阴谋家的等级制度，300人委员会的历史*》，约翰-科尔曼，Omnia Veritas有限公司，www.omnia-veritas.com。

塞缪尔，1897-1898年，马库斯-
塞缪尔雇用的探矿者和钻探者马克-
亚伯拉罕在婆罗洲发现了石油。伦敦商业银行及其附属贸易公司Samuel Montague与Edmond和Alphonse Rothschild联合起来，成立了亚洲石油公司。罗斯柴尔德家族没有留下来，将他们的股份卖给了荷兰皇家壳牌公司。1892年，**壳牌公司通**过苏伊士运河将原油从南洋运往欧洲炼油厂。

毫无疑问，"300人委员会"中的荷兰皇家壳牌公司是当今世界上所有石油公司中最古老和最大的公司之一。其2005年的营业额为3067.3亿美元。已故荷兰朱莉安娜女王、维克多-罗斯柴尔德勋爵、非洲纳西王子欧内斯特-奥本海默爵士、伦敦塞缪尔家族和温莎家族是荷兰皇家壳牌公司的最大股东。朱莉安娜去世后，她的股份被转让给奥兰治家族（荷兰）。

关于石油工业的历史记载，带领我们经历了伊拉克土地和石油的
"外交"（谎言、虚假承诺、讹诈、双重交易、政治压力、欺凌和不公平的盗窃）的曲折过程，所有国家都在觊觎这些土地和石油，但尤其是帝国主义的英国。工业化和石油匮乏的英国，近一个世纪以来一直在干涉伊拉克和伊朗的内部事务，在从未兑现的承诺基础上，在天鹅绒手套里藏着的铁拳威胁下，诱惑、哄骗和榨取一个又一个的优惠。

随着在伊拉克和伊朗发现了丰富的原油矿藏，在过去的95年里，与美国和这两个国家的长期冲突状态一直持续。

第二章

石油动力战舰的愿景 爱德华-格雷爵士煽动了第一次世界大战

就在第一次世界大战之前，一位英国海军军官费舍尔上校的报告引发了引发对石油的兴趣的连锁反应，他声称海军的未来在于以石油为动力的战舰。他后来成为第一任海军大臣费舍尔勋爵，精明地看到了1882年在宾夕法尼亚州泰特斯维尔和俄罗斯巴库发现的浓黑液体所带来的可能性。约翰-D-洛克菲勒看到它作为油灯新燃料的潜力，并将其命名为"Brite"。[2]然后他成立了标准石油公司，以利用这一新发现。

1904年，费舍尔上尉希望英国海军从燃烧煤炭的威尔士战舰转为燃烧石油的战舰。他的想法并不新鲜，很可能是受到自1870年以来里海的俄罗斯船只一直在燃烧称为"燃料油"的 "油泥"这一事实的启发。这一发展也被朱利叶斯-德-路透男爵（路透新闻社的元老）注意到[3]。1872年，德鲁特获得了在伊朗勘探和钻探石油的50年特许权。他把他的公司称为英俄公司，1914年，在费舍尔上将的建议下，公司更名为英国石油公司（BP）。

对海洋的控制对于英国确保其漫长的贸易路线至关重要，

---

[2]"辉煌"，译者注。

[3]著名新闻机构路透社。

费舍尔海军上将向海军部恳求为英国战舰安装石油发动机，他认为这将使他们对德国海军力量具有相当的优势。1870年，德国威胁要取代英国的商业霸主地位。英国领导人，如爱德华-格雷爵士，认为这是一种最终会导致战争的"罪行"。费舍尔船长指出，这比燃煤船达到满功率所需的4-9小时要短得多；燃油船可以在30分钟内实现同样的可用性，只需5分钟就能达到满功率。最大的问题是，英国没有已知的原油储备。它将不得不从美国和俄罗斯进口石油，这在和平时期不是一个问题，但在战时可能会更加危险。

后来（1912年），接替费希尔担任首相的丘吉尔说。

> "......如果我们需要它（石油），我们将不得不在和平和战争时期从遥远的国家通过海上运输。"

尽管如此，费舍尔仍在追求他的梦想，他指出，虽然500人需要5天时间来给一艘战舰"加煤"，但使用石油只需要12个男人就能完成任务。此外，以石油为燃料的军舰的航程将比以煤炭为燃料的军舰的航程大五倍。但是，海军部的官员们认为费希尔只是一个梦想家--直到1904年，在英国特勤局（MI6）向政府发出强调新原油重要性的通知后，费希尔才被认可并晋升为海军部第一部长。费舍尔被授权在1912年组建并领导一个皇家委员会，并组成一个委员会，研究并提出关于英国如何能够最好地**确保其未来石油需求的建议。**

帕麦斯顿勋爵表明了他的观点：英国对拥有原油资源的国家的长期意图将建立在一个新的信条之上：我们不再有永久的原则，而是我们追求的永久利益，而不是其他所有的。这是一种将得到温斯顿-丘吉尔完全支持的态度，他补充说。

> "我们需要成为所有者，或者至少成为我们所需的部分石油来源的控制者。"

担任皇家委员会主席的 "杰基"-费舍尔，从卑微的起点晋升为海军部第一部长。他于1841年出生于锡兰，洗礼时被称为约翰-阿布斯诺-费希尔。他于1854年加入皇家海军，专注于技术发展。他被普遍认为是皇家海军最伟大的海军将领之一，精明到可以监督超级战舰 "无畏号"的建造。费舍尔被看作是一个有地位的人，他的态度高高在上，让他的同事们不满意。费舍尔委员会建议军情六处在俄罗斯和巴尔干地区发挥主导作用，因此军情六处的高级特工之一悉尼-莱利（Sigmund Georgjevich Rosenblum）被派往巴库，为英国争取重大石油合同。莱利还负责与一个名不见经传的英国出生的澳大利亚人威廉-达西-考克斯（William D'Arcy Cox）进行谈判，他似乎在合同中拥有波斯矿产资源的重要份额。威廉-诺克斯-达西（1849年12月11日-1917年5月1日）出生于英国小镇纽顿-阿博特。他的父亲是一名律师，1866年全家移民到澳大利亚，在昆士兰州的罗克汉普顿定居。达西家族与14世纪爱尔兰首席法官和总督Knayth的达西勋爵有直接关系。

威廉**开始了他的**职业生涯，加入了他父亲的律师事务所，但他转向了土地投机。他与一家公司合作，幸运地找到了黄金。该合伙企业通过开设一个名为摩根山金矿公司的矿场，为发现黄金提供资金。威廉-考克斯在1889年返回英国之前赚取了大量财富。1900年，他决定加入沃尔夫、基塔布吉和科特的行列，前往波斯寻找石油。1901年，他**开始与伊朗国王礼萨-汗-巴列维谈判。**

达西从沙赫那里获得了一份 "firman"（合同），给予他

> "拥有在波斯土地上随意探测、钻探和钻孔的全权，因此，所有寻求的次级石油产品都将毫无例外地成为他的财产'。

由乔治-

B.领导的一个钻探小组。雷诺兹被派往波斯,达西开始了他的研究。一家公司成立了,**达西自己出了50万美元的钱**。

作为回报,达西每年向沙赫-礼萨-汗-**帕赫莱**维支付20,000美元和16%的版税。但事情并不顺利,1904年,**达西被迫向**缅甸石油公司呼吁,后者提供了10万美元,允许继续钻探。1907年,由于没有成功,钻探工作被转移到Masjid-I-Sulaiman,1908年**开始**钻探。4月,当这个风险投资即将崩溃时,在11,800英尺处发现了石油,这是第一次发现,将使波斯(伊朗)成为世界上最大的石油生产国。1909年,一条管道将油田与建在阿巴丹的炼油厂相连。威廉-诺克斯-**达西**发动了一场政变,撼动了标准石油公司的根基。

凭着极大的毅力,雷利找到并见到了达西,当时他正准备与巴黎的罗斯柴尔德家族安排的法国政府签署合同。不管通过什么手段(而且手段相当多),雷利以某种方式劝说**达西与英国政府**(代表温莎家族)签订合同,就在达西即将与法国人签约时。

1909年,成立了一家公司,即英国-波斯石油公司,其主要股东是温莎家族、奥兰治家族和德鲁特男爵,达西为董事。英国的合同是雷利的一个大手笔,这为他在布尔什维克革命发动时赢得了一个特殊的权威地位。他负责从布尔什维克政府获得战略矿物和金属的合同。在这一重大事件(1902年)之前,维多利亚女王的地质学家已经证明在美索不达米亚(经英国授权更名为伊拉克)存在大量的石油矿藏,该地区自1534年以来一直是奥斯曼土耳其帝国的一部分。

维多利亚女王打出了她的"炮舰外交"牌,在腐败的穆巴拉克-萨巴赫(Mubarak al-Sabah)统治期间,将英国军舰驻扎在Shaat al

Arab水道的底部，后者在1896年通过谋杀他的两个同父异母的兄弟上台，并通知土耳其，该领土（后来称为科威特）现在是英国的保护国。

为英国政府确保该地区的下一步是谢赫-萨巴赫与"英国帝国政府"签署了一份石油特许权协议。该安排由"永久租赁"来**巩固。此后，又与**谢赫-萨巴赫签署了第二份协议，规定"除英国政府任命的人员外，其他人员不得获得特许权"。看来，英国海军的石油供应现在有了保障。在这一切中，人们忘记了一个无可争议的事实，即被称为"科威特"的土地属于伊拉克，在过去的四百年里一直如此，而且科威特的北部"边界"穿过当时世界上最丰富的油田，即属于伊拉克的鲁迈拉油田。

因此，大量的石油从美索不**达米**亚这个古老的国家被盗用，第一次世界大战后，英国人为他们的新任务创造了这个名字，美索不**达米**亚就变成了伊拉克。因此，德国海军没有已知的方式来采购石油来为其军舰提供燃料，其改装工作在1909年就已经开始了，比英国的石油动力"无畏号"军舰早。费舍尔上将的英国海军改装计划不再是一个梦想家的梦想，第一批新的'无畏'级战舰由接替费舍尔成为第一勋爵的温斯顿-丘吉尔委托建造。

1911年，丘吉尔敦促他的政府认识到，如果英国海军要继续"主宰海洋"，在波斯湾的强大存在是必不可少的。1912年，英国议会成立了一个关于石油和石油发动机的皇家委员会，由费希尔勋爵担任主席。人们认识到，石油将在即将到来的战争中发挥决定性的作用。这是一种背信弃义的行为的开始，也被称为"石油外交"，这种行为将持续到今天。同时，英国着手为其海军获取石油，并进入墨西哥和中东的油田以实现这一目标。英国的帝国石油政策在阿瑟-

赫泽尔爵士写的一份秘密备忘录中得到了描述。

> "我们想建立的，也是我们当时应该建立的，是一个拥有阿拉伯**构的政府**，我们可以安全地留在那里，同时自己拉动；这个政府不会花费很多，工党政府可以按照其原则吞下，但在这个政府之下，我们的经济和政治利益将得到保障。
>
> 如果法国人留在叙利亚，我们必须避免给他们建立一个保护国的借口。如果他们离开，或者如果我们在美索不**达米**亚显得反动，费萨尔国王总是有可能鼓励美国人接管这两个国家......。"

这种暗箱操作的帝国政策已经影响到了美国，美国已经非常爽快地接手了。对阿富汗和伊拉克的冲突有真正了解的人不可能不知道，美国军队在这两个国家存在的唯一原因是石油和其他**碳**氢化合物的圣杯。在绝密条件下，英国政府购买了英俄石油公司的大部分股份，尽管当时由于在伊朗找不到石油，该公司已接近破产。今天，该公司被称为英国石油公司（BP），是300人委员会的旗舰公司之一。

由于对德国日益增长的工业实力和国际贸易的扩张感到震**惊**，**接替**维多利亚女王的乔治国王于1914年4月14日对巴黎进行了一次极不寻常的访问，由他的外交大臣爱德华-格雷爵士陪同。爱德华爵士是乔治-格雷中校的儿子，曾在牛津大学巴利奥尔学院接受教育，并于1892年被威廉-格莱斯顿任命为外交大臣。这次任务的目的是劝说法国加入英国的秘密军事联盟，共同对抗德国和奥地利。

国王并没有告诉法国政府他的国家已经破产，否则就不会因为这次访问而缔结联盟。事实上，英国财政部在1914年5月12日给劳埃德-乔治首相的备忘录中记录了破产的状况，该备忘录清楚地阐述了这一事实。

(1939年也使用了同样的潜规则。)格雷将保卫法国免受德国商业扩张的影响作为英国外交政策的主旨。对法国的承诺是在秘密谈判中进行的，这在议会的反对派成员中引起了很大的**关注，其中包括因**愤怒而辞职的查尔斯-特里韦林、乔治-**卡德伯里**、E.D.莫雷尔和拉姆斯-麦克唐纳。第一次世界大战前夕，格雷告诉议会，他"别无选择，只能履行英国对法国的义务"，参加法国对德国的战争，这证明他们的疑虑是有根据的。这是"欺骗的外交"[4]，其最可怕的形式，也是第一次世界大战的直接原因，包括可怕的屠杀、巨大的生命损失和财产的肆意破坏。历史可能有一天会显示，如果没有爱德华-格雷，第一次世界大战就不会发生。至少在格雷勋爵看来，德国的商业扩张及其创建自己的贸易体系和交换机制的愿望这一不可饶恕的罪行必须得到遏制。

以爱德华-格雷爵士一人的外交政策为基础，秘密缔结的法英条约，为第一次世界大战--有史以来最血腥的战争--奠定了基础。1914年7月28日，在法英军事协议签署后不到三个月，奥地利大公弗朗茨-斐迪南在萨拉热窝被暗杀。格雷的政策要求几乎消灭德国，让英国获得它所需要的自然资源，以实现新的世界秩序的目标。从一开始就需要确保石油供应，这是计划的一个重要部分，是爱德华爵士所有文件中最突出的一个细节。

1914年8月，欧洲被**吞噬在第一次世界大**战的火焰中，这是我们这个时代最残酷、最恐怖的战争，数以千万计的伤亡让人无法理解。斐迪南大公在访问塞尔维亚的萨拉热窝时被暗杀，这是第二次公然使用许多"编造的情况"来挑起战争，而不是"不文明的"德国，而是"文明的"英国，以及后来的美国，是这个可怕战略的实施者和策划

---

[4]见《*说谎的外交--英国和美国政府的背叛记*》，约翰-科尔曼，Omnia Veritas有限公司，www.omnia-veritas.com。

者。在整个第一次世界大战期间，石油在追求英帝国主义的过程中发挥了关键作用，这种追求从中国的鸦片战争开始，一直延续到英布战争（1899-1903）。到1917年，几乎没有一个工业化国家没有充分认识到石油的重要性，人们还记得克莱蒙梭总统紧急呼吁威尔逊向法国输送"石油"。

> *盟国的安全岌岌可危。如果盟国不想输掉战争，那么在德国的巨大攻势下，他们决不能让法国耗尽燃料，而这* **种燃料在明天的** *战役中就像血液一样必要。*

1914年9月6日，伦敦的报纸充斥着关于法国将军约瑟夫-加利埃尼（Joseph Gallieni）的巴黎出租车舰队被征用来运送部队到前线的报道。如果没有他征用的出租车和公共汽车组成的机动舰队的"汽油"，法国在敌对行动开始后的几个月内就会被打败了。在故事的这一点上，我们开始理解为什么乔治国王和爱德华-格雷与法国签订了协议。

这是为了给英国提供 "援助法国"的间接借口，以攻击德国。约翰-德迅速**响**应克莱蒙梭的"石油"号召，在德国与罗马尼亚的老源头切断的时候，向法国军队输送了充足的美国物资。"帝国 "杰克-诺顿上校为了防止巴库落入德国手中，在1916年彻底摧毁了罗马尼亚。正如英国外交大臣寇松勋爵在1918年11月21日，即停战协议签署十天后的胜利晚宴上的讲话中所说。

> *盟军是被石油的洪流带向胜利的。没有石油，他们怎么能保证舰队的机动性、部队的运输或炸药的制造？*

那些在地表下拥有石油的国家很快就会发现，石油将不再是一**种**资产，而是一种诅咒，这要归功于贪婪的帝国主义列强。世界不知道的是，国际联盟是一个伪装成大规模掠夺土地的工具，它的第一批受害者之一是巴勒斯坦。俄国不会成为合作伙伴，这一事实在1917年11月被发现，当时布尔什维克发现了一批秘密文件，显示英国和美国已经正式制定了一项计划，要分割奥斯曼帝国，在它们自己和几个选定的 "盟国"之间进行划分。这项秘密协议是在1916年2月**达成的，当**时正值战争期间，俄罗斯军队是战争的主要受害者。

帝国主义英国和美国的背信弃义行为一直持续到2006年，当时美国在所谓的保守派共和党总统G.W.布什的领导下，声称他，也只有他可以下令对一个没有对美国造成伤害的国家进行 "第一次打击"，这完全是故意不遵守美国法律、宪法和瓦特尔的 "万国法"，以及所有日内瓦公约和纽伦堡议定书。本书讲述了**两个最强大的国家--美国和英国--**在同伙的帮助和怂恿下，为了得到丰富的石油奖品，不惜陷入堕落和欺骗的深渊，进行薄薄的帝国主义侵略。"事实比虚**构更奇怪**"，1917年在官方政策中扎根的美国石油帝国主义没有辜负这一真理。1942年12月，哈罗德-艾克斯是国防部的石油协调员，当时国务院发布了以下内容。

> "我们坚信，开发沙特阿拉伯的石油资源必须从国家的整体利益来考虑。"

这是美国国家安全首次与一个远离其海岸的外国相联系。这标志着美帝国主义行动从被动状态向主动状态迈进了一大**步。伊拉克**证实了这一前提的正确性。美国已经开始在伊拉克的石油中扮演与英国在上个世纪相同的角色。在过去的95年中，我们看到英国及其帝国主义盟友为了获得梦寐以求的、**渴望已久的第一桶油，毫不犹豫地屈服于最基**本的堕落。

英国的历史是一个富强国家阴谋剥夺较小、较穷、较弱国家的故事，读起来非常痛苦。它看起来越来越像1899年英国对布尔人的战争的重演。当时，冲突是关于布尔民族拒绝交出其黄金。今天，"冲突　　"是**关于伊拉克拒**绝交出其"黑金"。

伊拉克的石油**开**发是在捏造情况、秘密交易、欺骗、政治干预以及最后的 "外交"--枪杆子的背景下发展起来的。本书从我作为一个合格的经济学家和历史学家的角度出发，以25年的研究为基础，对那些支持石油大亨的粗俗宣传者进行了驳斥。我向你保证，一旦**你**读了这本内容丰富的书，与伊拉克的 "冲突"看起来就会大不相同。这本书是根据公众无法获得的秘密历史档案、富人的私人和个人文件以及为确保原油供应而进行的美帝国主义侵略战争的臭名昭彰的叙述编写的。

我们很快就会了解到，在过去的100年里，美国对所有以石油为自然资源的国家都采取了侵略政策，通过不稳定和直接干**涉内政的行**为大力破坏这些国家，就像发生在墨西哥的情况一样，完全违背了国际法和美国宪法。自从美国海军陆战队根据威尔逊总统的命令在坦皮科进行干预以来，石油工业已经支配了美国的外交政策，使美国人民付出了数十亿和数十亿的代价。

这一政策最近得到了一个惊人的确认，即世界已经远远超出了 "阴谋 "的范围，变成了"公**开的阴谋**"。2006年年中，作家约翰-**帕金斯出版了一本**题为《*一个经济杀手的自白*》的惊人之作，[5]，该书证实了我自1971年以来已经写过的一些细节，即美国如何采取行动来搞垮它不喜欢的和不符合它要求的政府。我引用**帕金斯**书中的话。

> 在过去的30-40年里，我们这些经济杀手实际上创造了第一个真正的世界帝国（美国），而且我们主要是通过经济来实现的

---

[5]参阅《*一个金融杀手的自白*》，约翰-**帕金斯**，阿里亚内，2016。

，军事是最后的手段。

所以它是以一**种相当**隐秘的方式进行的。大多数美国人不知道我们创造了这个帝国，事实上，在世界各地，它是非常安静地完成的，不像以前的帝国，军队进来时是报复性的；这很明显。因此，我认为它的意义，超过80%的南美人口最近投票给一位反美总统，以及在世界贸易组织发生的事情，还有。事实上，纽约这里的交通罢工是人们开始明白，世界各地的中产阶级和下层阶级正在被我称之为企业贵族的人可怕地、可怕地剥削，他们真正管理着这个帝国--美国。

珀金斯继续解释成为经济杀手意味着什么。

> 我们所做的......我们使用了许多技巧，但最常见的可能是，我们去一个拥有我们公司垂涎的资源的国家，如石油，我们会通过世界银行或其姐妹组织安排向该国提供巨额贷款，但几乎所有的钱都给了美国公司，而不是国家本身。像Bechtel和Haliburton这样的公司，通用汽车公司，通用电气公司，这些类型的组织，他们在这个国家建造巨大的基础设施项目；发电厂，高速公路，港口，工业园区和为非常富有的人服务的东西，永远不会到**达**穷人那里。事实上，穷人受到了影响，因为必须偿还贷款，而且是巨额贷款，偿还这些贷款意味着穷人将无法获得教育、卫生和其他社会服务，而国家则留下了巨额债务，这一切都是故意的。

> 我们回去，我们经济杀手，到这个国家，我们告诉他们，"看，**你欠我**们很多钱。你无法偿还债务，所以给我们一磅肉。把你们的石油廉价卖给我们的石油公司，或者在下一次联合国投票中和我们一起投票，或者派部队去支持我们在世界某个地方的军队，比如伊拉克。"通过这种方式，我们成功地建立了一个全球帝国，而很少有人知道我们做了什么。

在解释该系统的工作原理和使用方法时，珀金斯透露，他最初是被国家安全局（NSA）招募的。

但**帕金斯被拒**绝了，理由是他
"在我的性格中存在一些弱点"，因此他被派到一家私人公司工作，**开始是在波士顿的一家大型咨询公司查尔斯-T-梅因**，他在那里**开始担任**经济学家，有20人。美因公司是波士顿的一家大型咨询公司，他在那里开始担任经济学家，大约有20人。

> 我的工作是说服这些国家接受这样的大额贷款，让银行发放贷款，建立交易，使资金流向美国公司。国家最终会有一**笔巨**额债务，然后我就会和我的一个手下进去说，"听着，**你知道你欠我**们这笔钱。你无法支付你的债务。给我们这一磅肉。"

> 我们做的另一件事，以及现在在南美洲发生的事情是，一旦这些反美国的总统之一当选，如埃沃-莫拉莱斯（玻利维亚），我们中的一个就去说，"**嘿**，恭喜**你**，总统先生。现在你是总统，我只想告诉你，我可以让你和你的家人非常富有。如果你按我们的方式玩游戏，我们这个口袋里有几亿美元。如果你决定不这样做，在这个口袋里，我有一把枪，子弹上有你的名字，以备你决定履行你的竞选承诺，把我们赶出去。"

> 我可以让这个人赚很多钱，他和他的家人，通过合同，通过各种准合法的手段。如果他不接受这一点，发生在他身上的事情将与厄瓜多尔的杰米-罗尔多斯、巴拿马的奥马尔-托里霍斯和智利的阿连德一样，我们试图对委内瑞拉的查韦斯这样做，而且我们还在努力。我们将派人去推翻他，就像我们最近对厄瓜多尔总统所做的那样。

> 在20世纪70年代，托里霍斯因为要求将巴拿马运河归还给巴拿马人而在全世界引起了很大的反响和头条。我被派往巴拿马，说服他应该以我们的方式进行比赛。他邀请我去巴拿马城外的一个小平房，他说："听着，**你知**道，我知道这个游戏，如果我按你的方式玩，我会变得非常富有，但这对我来说并不重要。重要的是，我帮助我的穷人。"托里霍斯不是天使，但他对他的穷人非常

投入。所以他说，"**你可以用我的方式玩游**戏，或者你可以**离开**这个国家。"

我和我的老板们谈过，我们都决定我应该留下来。但我知道，由于巴拿马运河问题，整个世界都在关注托里霍斯，如果他不改变主意，豺狼很可能会进来。不仅我们会失去巴拿马，而且他还会树立一个其他人可能会效仿的榜样。所以我非常担心。我喜欢托里霍斯，我想让他加入的原因之一不只是因为这是我的工作，而是因为我想看到他生存下去，因为他没有打球，他被谋杀了。

飞机在大火中坠毁，事后，毫无疑问，他上飞机时得到了一个录音机，里面有一个炸弹。我认识事后进行调查的人，很多地方都有相当多的记录，我本人也知道发生了什么。**我**们的官方说法是，当然，事情不是这样的。飞机只是撞到了一座山。但没有任何疑问，我们期待它的发生。

我们也试图对萨达姆-
侯赛因这样做。当他不合作时，经济杀手们试图让他恢**复理智。我**们试图暗杀他。但这是有趣的事情，因为他有相当忠诚的保安，此外，他还有很多相貌相似的人，而**你不希望成**为相貌相似的人的保镖，你认为那是总统，**你拿了很多**钱去刺杀他，你刺杀了相貌相似的人。因为如果你这样做，那么你的生命和你的家人的生命就不值钱了，所以我们无法接近萨达姆-
侯赛因，这就是我们派军队的原因。

萨达姆-侯赛因多年来一直是美国的囊中之物--
但我们想要一个最终协议，类似于我们与沙特阿拉伯达成的协议。我们希望萨达姆真正与我们的系统保持一致，而他拒绝这样做。他接受了我们的战斗机，我们的坦克和我们的化工厂，他用这些东西来生产化学武器...。他接受了这一切，但他不愿与我们的体系结盟，以便我们能像沙特人在西方的形象中那样，引入巨大的发展组织来重建他的国家。这就是我们试图说服他做的事情，也是为了保证他总是用美元而不是欧元来兑换石油，而且他将把石油价格保持在我们可以接受的范围内。他没有遵守这些要求。如果他有，他仍然会是总统。

珀金斯解释了很多关于 "帝国"是如何**运作的**，**但我想我已**经给你，读者，足够说服你那些追求美帝国主义政策的人如何对待外国。珀金斯所揭示的**另一个典型例子是**马歇尔计划。第二次世界大战结束后，实施了马歇尔计划，表面上是为了加快欧洲，特别是德国的**复苏**。鲜为人知的是，马歇尔计划的大部分资金，即数十亿美元，都给了美国公司，为美国购买和保证石油供应，而这些石油供应与德国的恢复毫无关系。国务院记录显示，多达10%的马歇尔计划资金流向了新泽西标准石油公司（EXXON）Soon-Vacuum（Mobil）、加利福尼亚标准石油公司（Chevron）Texaco和海湾石油公司。

他们被告知要部署到厄瓜多尔、委内瑞拉、巴库、秘鲁、伊拉克、伊朗和菲律宾，这些国家都受到了帝国主义美国的攻击。二战结束后，一场反殖民运动在印度开始，并蔓延到世界各地，因为各国决定不再容忍对其自然资源的掠夺，而他们只得到微薄的报酬。但这场运动未能阻止企业法西斯主义的前进，它几乎有增无减。

现在，在2008年，我们目睹了对伊拉克、伊朗和里海地区的攻击--这是一场帝国战争的一部分，目的是获得对原油资源的完全控制。我们已经听到了乔治-布什发出的虚假的号角，并得到了奸商布莱尔的响应，即伊朗是对世界和平的威胁，而最近欧盟的大规模民意调查显示，欧洲人认为布什总统和美国才是对世界和平的真正威胁。因此，这里又有一组政客通过电波广播他们的虚假信息。在过去的十七年里（自1991年以来），当前总统布什带领这个国家对伊拉克进行帝国主义的、违宪的和非法的战争，并且未能控制世界第二大石油生产国时，美国人民一直受到针对伊拉克的持续宣传。这让我们想起布尔什维克领导人巴枯宁在1814年所说的话，当时他警告说，要防止石油工业的强盗大亨们对美国人民进行的那种无耻的宣传。

通过外交手段撒谎。外交工作没有其他任务。每当一个国家要向**另一个国家宣**战时，它首先要发表一份宣言，不仅向自己的臣民，而且向整个世界宣战。

在这份宣言中，她宣称权利和正义站在她这一边，她努力证明她只是出于对和平和人性的热爱，而且，在慷慨和和平的情感熏陶下，**她**长期以来一直默默忍受，直到**她的**敌人越来越多的不义行为迫使她放下手中的剑。同时，她发誓，她不属于所有的物质征服，也不寻求领土的增加，一旦正义得到恢复，她将结束这场战争。而她的对立面也用类似的宣言来回应，其中当然是正确、正义、人性和所有慷慨的感情都在她这边。

这些相互对立的宣言以同样的口才写成，它们呼出同样的义愤，一个和另一个一样真诚，也就是说，它们的谎言都是无耻的，只有**傻瓜才会被它**们欺骗。理智的人，所有那些有一些政治经验的人，甚至不屑于阅读这种宣言。

在布什-
切尼石油集团的宣言中，最大和最经常重复的谎言之一是伊拉克
"用毒气毒死自己的人民"。布莱尔多次重复的这一说法，指的是对一个库尔德村庄的居民进行毒气处理。事实证明，击中村庄的含有神经毒气的火箭弹是由伊朗发射的，海军情报局（ONI）后来证实了这一点，并指出所使用的有毒气体类型（加厚的索马里神经毒气）并非来自伊拉克的武器库。

但这并不妨碍这个谎言被反复重复，以使美国人民相信切尼石油军团对伊拉克的战争是一场
"正义的战争，而不是帝国主义对伊拉克石油控制权的追求"。以下内容摘自1991年4月的《*世界回顾内幕报告*》，第

一卷。

> 事实是，美国和英国政府已经背叛了库尔德人。在巴勒斯坦人之后，是库尔德人看到伦敦和华盛顿违背了最庄严的承诺的承诺。直到最近，美国人民还不知道库尔德人是谁，他们住在哪里。与伊拉克民族一样，库尔德人对美国人来说也是一个未知的民族。

1991年，帝国主义对伊拉克发动了战争，导致伊拉克民族遭受**种族**灭绝，土地遭到破坏。在这场战争之后，长期压制库尔德人的英国政府答应布什重新武装库尔德游击队，把他们作为美国雇佣兵来推翻侯赛因总统。但这一阴谋被过早地执行并失败了，导致布什匆忙地在其政府和被背叛的库尔德人之间拉开距离。简要介绍一下库尔德人的历史可能有助于从**正确的角度来看待**问题。库尔德斯坦位于伊拉克的西北角（注意，这里是伊拉克），一直是该地区唯一的半自治国家。

1900年，由于英国对土耳其和波斯事务的广泛干预，英国控制了该地区的大片地区，这些地区在1907年签署的条约中被固定下来。波斯对这一安排不满意，派代表团参加了在凡尔赛举行的巴黎和平会议，要求废除1907年的条约，该条约将外海、梅尔夫、希瓦、德尔本特、埃里温和库尔德斯坦交给英国，但英国成功地阻止了废除要求。1919年，英国人入侵了巴格**达**。1922年，英国与伊拉克缔结了一项军事协议。同年6月，库尔德人起义，与英军战斗了整整一年。英国人用猛烈的空中轰炸和毒气来镇压叛乱。一份提交给英国首相的报告指出，毒气有 "有益 "的作用。

第三章

英国获得波斯石油的权力
布什推动中东战争

1908年，伊朗在Masji-i-Suleman油田发现了石油。这一事件将彻底改变中东的命运，就像南非的黄金发现将使布尔民族灭亡一样。在摩苏尔省（伊拉克的区）和巴士拉也发现了其他油田。英国派出石油专家，伪装成巴勒斯坦勘探协会的考古学家，对开发中的油田进行监视。这些间谍抵达摩苏尔，并在1912年帮助建立了土耳其石油公司，该公司于1914年3月在伦敦举行的外交部会议上得到承认，英国和德国的代表以及德国和荷兰银行的代表出席了会议。虽然它看起来是一家有土耳其人参与的公司，但实际上土耳其并不是公司的一部分。

随着战争的爆发，丘吉尔宣布，石油对英国来说是最重要的。英国战争内阁秘书莫里斯-汉基爵士（Sir Maurice Hankey）给阿瑟-贝尔福（Arthur Balfour）的一份备忘录强化了这一说法，他在备忘录中宣布，控制伊朗和伊拉克的石油是
"英国的首要战争目标"。英国军队于1915年入侵伊拉克，以实现这一
"英国的首要战争目标"，不顾伊拉克的主权，于1917年夺取了石油城市巴士拉、巴格达的首都和摩苏尔。但英军陷入了困境，不得不由印度军队的一支远征军进行救援。1919年8月9日，珀西-考克斯爵士签署了《英国-波斯协议》，该协议使英国对波斯石油有很大的影响力。

后来，Majlis（议会）拒绝批准该协议。1920年2月，礼萨汗和3000名哥萨克向德黑兰进军。礼萨汗放弃了统一的条约，并在12月与土耳其签订了友好条约。

波斯或土耳其没有一个少数民族群体（包括库尔德人）的代表或咨询，英国也从来没有。结果，库尔德人感到被出卖了，开始了一系列漫长的叛乱。从以上内容可以看出，库尔德人的 "问题"在伊拉克总统侯赛因出现前几十年就已经开始了。英国首相布莱尔多次告诉世界，"萨达姆正在对他自己的人民施放毒气"，但他很方便地对皇家空军在对库尔德平民施放毒气方面被证实的作用只字不提。塔维斯托克研究所善于歪曲历史事实，并设法向继续为石油而战的英国人和美国人隐瞒了这一行为，就像他们隐瞒了收容布尔人妇女和儿童的集中营一样，因为英国政府决心窃取属于布尔民族的黄金，这些人像苍蝇一样死去。

在伊拉克，英国政府的目标很明确：利用库尔德人破坏整个地区的稳定，以便将广大的石油地区完全置于其统治之下。英国对1901年授予**达西的石油特**许权的力度不满意。它还打算削弱伊拉克政府，该政府已于1929年8月11日被波斯完全承认为一个独立国家。

石油是英国和美国帝国主义者的目标。英国人和他们的美国盟友应该采用 "我们为石油而战"的口号，如果他们是诚实的，他们会这样做。相反，寇松勋爵直截了当地指出，女王陛下的政府对摩苏尔的政策不是为了石油；而是基于履行保护库尔德人的神圣义务！"。鉴于英国在摩苏尔石油争夺战中的表现令人瞠目结舌，柯曾勋爵的话是玩世不恭的表现。

英国人在1921年和1991年无耻而无情地利用库尔德人为他们的利益服务，就像他们在1899年在南非的布尔共和国获得所谓的 "外国人选举权"一样，当时控制布尔的黄金是他们的主要关切。今天，在

2008年，唯一的区别是，英国人的武器比美国多。美国已经接过了英帝国主义的衣钵。

在洛桑会议（1922年11月至1923年2月）上，土耳其人同意尊重包括库尔德人在内的少数民族的权利，但他们从未这样做。1923年7月的《纽约商业杂志》社论说。

> 洛桑是一个国际会议不应该有的一切。这是为了权宜之计而牺牲了所有人类和人道主义问题。

这次会议产生的《洛桑条约》作为改变事件进程和为20世纪奠定基础的条约而载入史册。第一次世界大战结束时缔结的一系列和平条约和国际联盟的建立，表面上是为了给世界带来
"自由"，但它远没有带来自由，而是带来了新一轮的帝国主义和奥斯曼帝国的死亡。洛桑条约》于1823年7月24日签署，经英国、意大利、法国和土耳其批准后于1924年8月6日正式生效。

纽约时报》对这次会议发表了社论。

> 摩苏尔和自由给了我们所有人在所有谈判的石油大潮中的机会。但是，美国今天可以有比照顾石油大王的利益更好的工作。我们可以在公开场合谈论和平与文明，但在私下里，我们谈论的是石油，因为未来的特许经营者所在的领土处于危险之中，他们正在努力确保自己的权利。

尽管在会议上并不明显，但在幕后发生的事情是各大石油公司不断争夺地位，以在伊拉克未开发的地区获得立足点，这些地区已知存在大量的vilayets（一个大型油藏）。其中一个长150英里的地区位于伊拉克基尔库克以北，位于库尔德人占领的土地上。1927年10月，巴巴-古尔格的钻探人员发现了石油，一个巨大的不受控制的涌泉将周围的土地淹没在石油中达9天之久，同时一股浓厚的气体漂浮在空中。基尔库克油田的原油储量为2.5亿吨，不负众望，无论是巨大的发现规模，还是由于英美石油公司

顽固的贪婪而对整个中东地区造成的损害，至今仍能感受到。三年后（1930年10月），**"爸爸**
"乔伊纳在东德克萨斯州的惊人喷发，虽然是一个重大发现，但在很大程度上被淡化了，因为石油公司在中东石油方面有大量投资，不希望美国油田发展。乔伊纳爸爸的
"黑色巨人
"在非常可疑的情况下被卖给了石油大亨H.L.亨特（1889-1974）。

在1930年5月的一次不**确定的**选举之后，库尔德人看到了他们的机会，并起义反对由其领导人阿里-费赫提-贝伊领导的新土耳其政府。起义发生在阿拉拉特山附近，被英国军队残酷地血腥镇压。

1961年6月10日，伊拉克政府在美国和英国的支持下，接受了库尔德领导人巴尔扎尼的新挑战，库尔德人发现自己再次受到攻击。1965年4月，他们再次拿起武器反对伊拉克政府。他们要求
"一个明**确界定的区域和一支**库尔德军队"。1966年3月，爆发了新的战斗，持续了三个月。一支庞大的英国部队参加了这次行动。叛乱结束时，伊拉克承诺给予库尔德人区域自治权，但这一承诺从未完全兑现。

1969年3月，反叛的库尔德人再次拿起武器，造成了这一时期最激烈的战斗。一项利用库尔德人的秘密行动计划付诸实施，一时间，布什总统推翻侯赛因总统的愿望似乎就要实现了。我可以补充说，根据停火协议（伊拉克人签署了该协议，但美国没有），伊拉克军队被禁止在自己的领土上飞行战斗机。美国飞机无视停火条款，两次袭击并击落伊拉克飞机，以防止他们攻击库尔德游击队。虽然布什政府声称是为了库尔德人的利益而行动，但真正的目标是摩苏尔沙地下的石油。布什政府确实是在 "我们为石油而战"的帝国主义旗帜下行事，尽管有其他借口，因为海湾战争的真正目的是为了控制伊拉克的巨大石油储备。其他一切都可以被认为是纯粹的伊曼纽尔-康德哲学。

库尔德人首当其冲受到了伊拉克武装直升机的攻击。他们坚持了一段时间。在伊拉克-

伊朗战争期间经历了一次这样的事件后，库尔德人崩溃了，逃了出来。盲目的恐慌使他们逃到了伊朗和土耳其边境。奥祖尔总理最担心的事情成真了。在允许少量难民进入后，土耳其对不受欢迎的库尔德人关闭了边界。奥祖尔随后向西欧提议接受其中的大多数，但该建议被拒绝。库尔德人被留在一种无人之境，并陷入两伊战争的交火之中。约有50名库尔德人被化学武器杀害，即加厚的索曼神经毒气，伊拉克没有这种毒气，但伊朗人肯定有。

由于袭击中的所有库尔德人受害者都是被一种特定的神经毒气杀死的，因此更有可能是伊朗军队对他们的死亡负责。自布什组织的4月格拉斯皮对伊拉克的秘密行动开始以来，被化学武器杀害的库尔德人从50人增加到5万人。

就像英国人无耻地利用库尔德人达到自己的目的一样，布什政府也在无耻地利用他们煽动对伊拉克的仇恨，从而希望把整个中东变成一个不稳定国家的泥潭。在这一切中，我们很容易忽视布什的目标，那就是在 "我们为石油而战"的帝国主义旗帜下向前推进。这又是墨西哥的翻版。

这份写于1991年的报告被证明是正确的，但现在我们再次看到，布什家族让世界陷入一场新的针对伊拉克的战争，而布莱尔在布什的批准下，正在阿拉伯世界面前晃动着"公正的巴勒斯坦国   "的同样"承诺"。1991年盲目支持对伊拉克进行种族灭绝的美国人发现，他们的盲目信仰是完全错误的。他们发现，海湾战争只是一场看不到尽头的戏剧的开始，而不是结束。通过播下对伊拉克战争的种子，布什总统也在该地区播下了未来战争的种子，可以想象，这可能会以一场30年的战争结束。

布什总统和他的合作者的目标非常明确：通过经济扼杀来摧毁伊拉克国家，导致瘟疫、疾病和饥荒。但这并不奏效，所以对伊拉克的种族灭绝采取了美国入侵的形式。我们今天所看到的只是一个暂停，是未来事情的前奏。

伊拉克将成为第二个越南。在 "我们为石油而战"的旗帜下，数以百万计的人注定会死在布什政府的手中。约旦、叙利亚、黎巴嫩和利比亚将在伊拉克国家被摧毁后紧随其后，这些国家是为正义事业而战："我们为石油而战"。叙利亚将是第一个倒下的国家。美国的朋友会发现，失去主权的最快方式是成为美国的盟友。埃及还没有吸取这个教训，这个教训很快就会到来。

尽管 "看我的嘴"布什不厌其烦地否认，但在沙特阿拉伯长期驻扎美国军队**确**实是目标。这样的安排在过去五年中已经存在。美国将在沙特阿拉伯保持一支由15万名士兵组成的永久性部队。他们的角色将是什么？攻击任何偏离正道的穆斯林国家。简而言之，美国将成为中东地区新的"外国军团"，这是一个控制中东所有石油的帝国主义目标。阿尔及利亚和利比亚这两个产油国已经被美英帝国主义占领了。美国军队对伊拉克的第二次入侵发生在2003年。伊朗实际上处于被围困状态。我们可以肯定的一点是，"更仁慈、更温和"的乔治-布什不会满足于此，直到中东的所有石油都在美帝国的控制之下。库尔德人的困境一直被归咎于萨达姆-侯赛因总统。鉴于迪姆兄弟、索摩查将军、费迪南-马科斯、托里霍斯、诺列加和伊朗国王的命运，布什政府不第二次入侵伊拉克绝对是不合时宜的。新闻报道已经破坏了美国前驻伊拉克大使的可信度，解释说如果有一个合格的检察官对她进行真正深入的盘问，艾普尔-格拉斯皮将无法胜任这一任务。现在，刺杀行动的确认来自**另一个来源**。1991年4月8日，商务部高级官员丹尼斯-克洛斯克（Dennis Kloske）在**众**议院的一个小组委员会上作证说，直到入侵科威特之前，布什政府一直在为伊拉克提供 "高科技

"而不惜代价。

克洛斯克指责国务院无视他关于停止美国技术流向伊拉克的警告和建议。克洛斯克告诉众议院外交事务委员会，商务部和国务院都不愿意听他的意见。由于他的麻烦，克洛斯克被 "更仁慈、更温和 "的乔治-布什解雇。在伊拉克问题上，"真相不会出来"，永远不会被允许浮出水面。这个真理是什么？我们正在为拥有伊拉克的石油而进行一场帝国主义战争。

这就是为什么布什和他的儿子一直保持对伊拉克的侵略步伐。如果伊拉克没有石油，我们与它的关系将是甜蜜的。一个帝国主义的美国不会与伊拉克或伊朗发生争执。我们不会违反国际法和美国宪法，正如我们自1991年以来所做的成千上万次那样。布什家族在寻求石油的过程中，发动了一场暴力滥用宪法的运动。

当布什在躲过亨利-冈萨雷斯议员的弹劾努力后离开办公室时，他激励他的儿子乔治追随他的脚步，追求本应成为家族格言的东西："我们为石油而战"。美国最高法院通过巧妙的手段，将阿尔-戈尔赶出了选举，选出了G.W.布什。这是一个惊人的违反美国宪法的行为，因为选举是州级选举，不受联邦管辖，但这并没有引起宪法危机。布什一上任，就拿起了反侯赛因的口号，直到它成为仇恨的鼓点；为石油而战的斗争也随之展开了。**小布什享有比他父**亲更广泛的支持，不是来自美国人民，超过1.6亿人根本没有投票或投票反对他，而是来自巧妙伪装的所谓 "保守派"人物，他们能够以虚假的诚意永久地欺骗美国舆论。这一引人注目的宣传政变的领导者是某个欧文-克里斯托尔。此人作为不断欺骗美国人民的媒体大亨理查德-默多克的首席代表，成为新一轮攻击伊拉克的标准人物。

默多克、克里斯托尔、佩尔和沃尔福威茨知道如何运作渠

道，以获得布什/切尼石油军团的支持。称自己为
"新保守主义者
"是一个大手笔。美国人喜欢标签。默多克拿出钱来资助一
家名为《标准周刊》的报纸。这份出版物是罗斯柴尔德-
洛克菲勒石油利益集团的一个幌子，其中抢夺伊拉克石油
的愿望无所不在。没有什么比对石油的渴求更让人热血沸
腾。克里斯托尔现在已经加入了美帝国主义的行列，同时
冒充 "保守派"。

'四人帮'的亿万富翁们迅速进入高速运转状态，以推动帝国
式的总统制。美国即将从一个共和国变成一个帝国，由一
个皇帝领导。由9/11的   "大爆炸
"所促成的过渡是非常迅速的。一夜之间，宪法被践踏，被
降到了无足轻重的位置。对美国宪法的垮台负有最大责任
的   "四人帮   "来自托洛茨基派的队伍，威廉-
巴克利是其中一员。

在中央情报局的监督下，一生都是共产主义者的老克里斯
托尔开始渗透到保守派的队伍中，到50年代中期，在
"保守派   "威廉-
巴克利的领导下，已经控制了几乎所有的保守派机构。托
洛茨基派已经为他们的不流血政变做好了准备，当理查德-
佩尔和保罗-
沃尔福威茨在布什的核心圈子里获得重要职位时，他们的
大突破也随之而来。现在已经为大举进攻做好了准备，在
正在进行的争夺世界石油控制权的戏剧中，大举进攻。深
入挖掘威廉-克里斯托尔的   "保守派
"背景，我们发现了以下内容。前国务卿亨利-
基辛格与克里斯托尔和他的出版公司《国家事务》和《国
家利益》有联系。后来有了第三个出版物，叫《公共利益
》。这些   "期刊   "的资金从何而来？它是由林德和哈里-
布拉德利基金会提供的，看来这个富有的基金会也资助了
克里斯托尔的美国企业研究所，另一个 "保守 "组织。

与克里斯托尔一起参与游戏的其他   "保守派   "有威廉-

贝内特、杰克-坎普和文-韦伯，他们都是名义上的 "保守"共和党人，尽管我们可以肯定，像伟大的丹尼尔-韦伯斯特和亨利-克莱这样的人不会对这种说法提出异议。不幸的是，我们今天在政治上没有像克莱和韦伯斯特那样的人。克里斯托尔和他的手下认为他们的任务是摧毁伊拉克。这就是他们的目标，为了向美国公众表明这一点，他们招募了一些最狂热的所谓 "电视布道者"加入他们的事业。其中一个人最近上了电视，声称"反基督者在德国、法国和俄罗斯活得很好"。有这样的领导人，难怪这么多美国基督徒完全迷茫。

随着9/11事件的出现，克里斯托尔、佩尔、沃尔福威茨、切尼和拉姆斯菲尔德的时代已经到来。他们现在有了引人注目的原因，有了 "大爆炸"，有了他们需要的"珍珠港"，以激发他们的计划付诸行动。我们可能永远不会知道9/11事件的全部真相，但有一点是肯定的，我们的控制者为他们允许公众进入互联网的那一天而后悔。在除受控媒体外没有任何新闻媒体的情况下，珍珠港事件在近三十年里一直是个秘密，而**关于**911事件的严肃讨论已经在进行，人们对政府声称对将要发生的事情没有任何警告的说法产生了许多怀疑。现在，人们对这一说法有公开的、越来越多的怀疑。*华盛顿邮报》*的专栏作家大卫-布罗德（David Broder）3月17日文章的标题是："9/11改变了布什的一切"。这个标题非常深刻，因为它把布什从一个安静的小人物变成了一个突然充满自信到独裁的人。一句话，911事件'改变了'乔治-布什。以下是布罗德写的一些内容。

> 在伊拉克问题上做出决定的那一刻是一条漫长的道路，但目的地的不可避免性是清楚的。当历史学家接触到布什政府内部人员的备忘录和日记时，他们会发现，布什总统在9月11日的恐怖袭击发生后不久，甚至在这之前，就已经把目光投向了清除萨达姆-侯赛因的权力。总统公开说过的一切，副总统切尼在周

日的电视采访中重复的一切--
都证实了对世贸中心和五角大楼的袭击是为了证明布什
决心解除任何可能合理地合作进行类似袭击或更糟糕的
领导人的武装。而对他来说，解除武装显然意味着把这
个潜在的攻击者从权力中清除出去。去年春天，总统宣
布，他的新安全团队迅速放大了一个新的理论，用一个
新的先发制人政策取代了冷战时期的遏制政策。

布什在西点军校的演讲和随后的白皮书宣布，美国及其盟
国将对任何可能威胁美国安全的组装大规模毁灭性武器的
国家或势力采取强有力的行动--
而不是被动地等待攻击的发生。很快就可以看出，伊拉克
被选为新理论的测试对象。

我们问自己为什么？假设伊拉克没有石油，那么　　"解除
"这个国家的武装就会如此重要吗？针对朝鲜的情况要强得
多。

朝鲜已经公开承认拥有核武器--
但美国和英国仍然没有触及它，因为按照逻辑，它没有石
油!那么，**伊拉克是怎么回事呢？是**为了'解除'伊拉克的武
装，还是为了夺取其丰富的油田？我们敢说，世界上90%
的人都会选择后者作为英国和美国想要压垮伊拉克的真正
原因。

随后，总统利用联合国尚未作出的决定，说服大多数国会
议员赞同将先发制人的理论作为美国的政策，并将其应用
于伊拉克。一旦得到国会的支持，他就能够说服联合国安
理会向萨达姆-
侯赛因发出相当于一致的最后通牒：要么解除武装，要么
被解除武装。

这有什么不对吗？

错的是，整个系统是100%违宪的，但布什却能逍遥法外，
因为美国人民不了解他们的宪法，更不用说他们在众议院
和参议院的代表。

从来没有一个美国国会对宪法有如此严重的无知。因此，布什能够在没有正式宣布的情况下虚张声势地发动战争，而这是一种可被弹劾的罪行。我们知道的是，对伊拉克发动先发制人战争的前景迫在眉睫，已经损害了美国与世界大部分地区的**关系**--

打开了与德国、法国和中国等主要贸易伙伴的裂痕。事实是，在第一声枪响之前，布什就打破了很多瓷器。不可能评估或判断对加拿大、墨西哥和中东等邻国的次级影响。

因此，现在我们来到了这个国家有史以来最糟糕的正义的悲剧之一：我们要在没有正当理由的情况下攻击伊拉克。

美国宪法规定，美国不能对一个国家开战，除非这个国家对美国有可核查的交战行为。甚至佩尔和沃尔福威茨都不能声称伊拉克对美国有交战行为。在宪法上没有理由进行"先发制人"的打击。这是一种非法的、违宪的行为，在一个以宪法为国家最高法律的国家的政策中没有地位。

第四章

英帝国主义和美国的武力外交

美国是如何从**开国元**勋和后来的一代人留下的遗产，变成了现在的违宪信念，即它可以攻击任何被认为是威胁的国家？现在的情况是，美国已经把自己变成了一个寻找石油的帝国主义大国。盎格鲁-

美国人正在干**涉各国的外交事**务。我们可以把这场斗争称为

"石油外交"，因为它与商业和军事问题交织在一起。这些并不总是被披露，因为有时候保密是最好的。现代经济学是**关于**权力的。控制石油的国家将主宰世界。这就是美国政府采取的帝国主义政策。

与美国**开国元**勋留下的智慧遗产的政治分离，被美西战争所侵犯。麦金利吹**响了**   "孤立
"的号角，正如那些试图使美国国际化的人所称，"不再可能了"，伍德罗-威尔逊也响应了这一号召。

> 无论我们喜欢与否，我们都参与了世界的生活。所有国家的利益也是我们的利益。我们是他人的合作伙伴。影**响欧洲和**亚洲国家的事情也是我们的事情。

采用国际社会主义是开国元勋们的美国结束的开始。它导致了   "自由贸易
"和威尔逊取消了使美国成为伟大国家的贸易壁垒。威尔逊完全无视乔治-

华盛顿关于美国不应卷入和纠缠于外国阴谋的警告。但通过为石油发动帝国战争，这将证明是不可能的。没有一个

国家可以违抗华盛顿的帝国主义要求而生存，伊拉克现在就发现了这一点。世界各国人民普遍鄙视美国在布什家族父子的领导下所变成的样子。他们贪婪地紧紧抓住石油，疏远了整个穆斯林世界。

普伦克特少将在1928年1月说。

> 商业和工业效率的惩罚不可避免地是战争；如果我没有看错历史，这个国家比以往任何时候都更接近战争，因为它的商业地位现在使我们与其他贸易大国竞争。如果**你在适当的地方用** "石油"一词代替，我们就开始明白了。

正如法国总理克莱蒙梭所说。

> 在明天的战斗中，石油与血一样是必要的。

法国外交官、克莱蒙梭的副手亨利-贝林格写了一份值得引用的备忘录。

> 拥有石油的人将拥有世界，因为他将通过重油来统治海洋，通过超精炼油来统治空气，通过汽油和照明油来统治地球。此外，他将在经济意义上统治他的同胞，因为他将从石油中获得神奇的财富--这种奇妙的物质比黄金本身更受追捧，更有价值。

麦金利总统说。

> 孤立不再是可能的，也不再是理想的。

威尔逊总统说。

> 无论我们喜欢与否，我们都参与了世界的生活。

他们的谈话像真正的帝国主义，特别是如果你记得当时美国的石油储备还不到世界的12%。大约70%是在那些弱小的国家，这些国家邀请大国来侵占经济和政治的地盘。而在威尔逊的时代，这适用于中东、加勒比海和墨西哥湾盆地以及俄罗斯。拥有大量石油矿藏的国家通过法律将底土权利授予其人民和政府，并采取限制性壁垒、法规和高额

特许权使用费来捍卫其资产。大帝国主义国家，英国和美国，称这种自卫为
"蔑视"，并施加外交压力以打破这些障碍。而当这一做法失败后，他们又恢复了武装干预。

请记住这一点，当你下次听到布什和切尼大肆宣扬
"解除萨达姆武装
"是**多么必要**时，请想想这些话，然后我们就会开始明白，我们在伊拉克是为了它的石油。9/11是一个人为的情况，就像珍珠港一样，而   "大规模杀伤性武器
"只是沿着石油线索拖出的一个红鲱鱼。

在第一次世界大战的可怕悲剧之后，柯松勋爵说出了真相，他说。

        盟军在石油的浪潮中飘向了胜利。

布什给出的所有其他理由在你看问题的时候越来越不成立了。正如我所说，世界上大约70%的石油都在经济和国家薄弱的国家。由于他们的软弱，他们邀请美国和英国来干**涉他**们的国家事务。伊拉克的例子现在就在我们面前；委内瑞拉刚刚躲过了美国在代理人背后进行的攻击。任何拥有像样的石油储备的国家现在都受到美英帝国主义的威胁，并将一个个地倒下。

这些国家为保护其人民和维护其财产不受美国和英国石油大亨的贪婪控制而进行的自卫，被描述为   "不妥协   "或"报复"，先是以
"外交压力"，然后是以武力应对。布什家族走了这条可疑的道路，我们看到他们的政策最终导致了对伊拉克这个只有加利福尼亚一半大小的国家的野蛮攻击。

英国和美国已经控制了世界上大部分的石油储备。他们无法通过外交手段赢得的东西，将通过大规模的轰炸机、巡航导弹和火箭来赢得，因为他们放弃了作为善良和基督教国家的伪装和伪装。当今世界上正在进行的斗争使没有或很少有石油的国家与世界上

"唯一的超级大国", 或者更**确切地**说, "帝国主义", 即美国对立。俄罗斯正在为保留其在石油世界中的地位而斗争, 而英国和美国则试图推翻它。因此, 对石油的争夺将导致美国和俄罗斯之间的巨大灾难性战斗, 而这一天并不遥远。在不久的将来, 美国的儿女们将被要求在一场全面的世界战争中为石油而战。

美国国务院一般会迎合大石油公司的要求。正如新泽西标准石油公司总裁贝德福德（A.C. Bedford）在1923年所言, 美国方面的积极石油政策支持了这一点。由于这种固定的政策, 美国驻外领事在涉及外交政策问题时总是遵循石油路线。1923年, 联邦贸易委员会支持这一美国政府的官方政策。所有美国大使馆和外交使团在1919年8月16日收到以下备忘录。

> *先生们: 确保足够的矿物油供应, 以满足美国目前和未来的需要, 这一至关重要的问题已经引起了国务院的强烈**关注**。*
> *在世界许多地方的新地区, 各国国民和矿物油权利的特许权正在积极开发已证实的勘探油田。最好能有关于这些活动的最完整和最新的信息, 无论是由美国公民还是其他人进行的活动。*

查尔斯-埃文斯-
休斯在美国国会和柯立芝石油委员会作证。

> "...政府的外交政策以 **"开放**
> "一词表达, 并由国务院一贯奉行, 明智地促进了我们美国的海外利益, 并**适当地保障了我们人民**的需要。"

随着一位名叫威廉-K-**达西的澳大利**亚人和美国人科尔比-米切尔-切斯特上将（1844-1932）的到来, 中东地区的石油争夺战正式开始。达西和美国人, 科尔比-米切尔-切斯特上将（1844-1932）。1901年, **达西从波斯国王那里**获得了覆盖波斯帝国六分之五地区的特许权, 为期60年。**达西公司支付了20,000美元的现金**, 并同意为所有生产的石油支付16%的特许权使用费。切斯特上将一无所获，达西回到伦敦组织英吉利波斯公司。他回到了中东，试图接管波斯的摩苏尔油田。1912年，由英国-荷兰壳牌石油公司和柏林德意志银行组成的土耳其石油公司成立，负责开采摩苏尔。

荷兰皇家壳牌公司的亨利-迪特丁爵士（被称为石油工业的"拿破仑"）是围绕石油拥有国的阴谋的主要参与者。英国政府在文官E.G.Prettyman身上表现得很积极，他确保了英国资本对土耳其石油公司的支持，达西威胁要将其卖给法国人。1913年，Deterding告诉上议院，他控制着罗马尼亚、俄罗斯、加利福尼亚、特立尼达和墨西哥的石油。Deterding说，他正在挤压波斯，这是一个几乎未被开发的地区，面积巨大，充满了石油。

托马斯-布朗**宁爵士告**诉上议院，荷兰皇家壳牌石油公司在石油方面远比美国标准石油信托公司更具侵略性。Deterding独自控制了世界上最强大的能源生产组织。进入石油争夺战的是温斯顿-丘吉尔，当时他是海军部第一部长，刚从布尔战争的经历中走出来。丘吉尔告诉上议院，他认为......我们应该成为我们所需要的天然石油供应的至少一部分的所有者，或者至少是源头的控制者。

第五章

新学说：压力下的墨西哥

美帝国主义政策现在已经进入了一个新的阶段，用布什的术语来说，就是 "先发制人"的阶段。英国政府正忙于在现在的伊拉克北部的摩苏尔获取石油。英国人正在购买土耳其石油公司的四分之一的股份，德国人和土耳其人持有其他股份。

在三个月内，通过 "欺骗的外交"，英国人控制了四分之三的股份，土耳其人被完全赶出了他们自己的公司。拥有摩苏尔上方石油土地的库尔德人没有得到一分钱。控制摩苏尔周围土地的土耳其也被冷落了。

这只是一个开始。随后，英国政府以1200万美元的价格购买了盎格鲁-波斯公司的大部分股份，这将持续48年。很快就可以看出，石油不仅赢得了战争，而且战争也是因为石油而发生的。

如果看一看第一次世界大战的历史，这一点就很清楚了，正如克莱蒙梭后来所承认的那样。战争并没有随着第一次世界大战而结束。相反，英国和美国对波斯（伊拉克）和土耳其采取了侵略性的帝国主义政策，试图破坏民族主义分子的控制。1920年5月，国务院发布了一份备忘录，指出英国正在悄悄地准备夺取整个摩苏尔油田。石油政策继续成为美国的头条新闻，哈定总统在一次演讲中指出。

> "继农业和交通之后，石油工业已经成为我们的文明和福祉的最重要补充。"

在宣布在墨西哥湾发现大量石油储备后，威尔逊政府卷入了对墨西哥石油控制权的斗争。当墨西哥人出现抵抗剥削的迹象时，美国军舰被派往坦皮科。威尔逊说

> "......美国的唯一意图是维护墨西哥的民主。"

美国在其他领域也很忙，与英国谈判，以摩苏尔油田为著名奖品，争取在土耳其石油公司中的股份。土耳其正在被完全挤出自己的公司。但美国的主要重点是墨西哥的油田，爱德华-

多尼通过他的朋友迪亚斯总统在图利洛庄园获得了这些油田。多尼很快获得了其他油田，包括Potrero Del Llano和Cerro Azul。但迪亚兹超过了多尼，并允许魏特曼（考德利勋爵）进入墨西哥石油领域。

当美国决定推翻执政35年的迪亚斯总统时，对石油的争夺导致了"盟友"之间的动荡。

在这些情况下，像往常一样，美国的情报行动和美国的经济"杀手"被派来在迪亚兹的队伍中挑起事端。美国直接挑起了迪亚斯的推翻，后来在美国外交**关系委**员会的证词中证实了这一点。

美国参谋劳伦斯-匡威（Lawrence Converse）作证说。

> 马德罗先生本人告诉我，一旦叛军表现出良好的实力，埃尔帕索的几位大银行家就准备为他垫付--
> 我相信金额是10万美元；这些人（冈萨雷斯州长和埃尔南德斯国务卿）还告诉我，标准石油利益集团正在支持他们，并从墨西哥临时政府购买债券。他们说，标准石油公司的利益正在支持他们的革命。

标准石油公司将获得高额的利息，并有一个在墨西哥南部

各州的石油特许权的临时协议。马德罗被废黜和处决,韦尔塔将军掌权。威尔逊总统上台后,公开反对韦尔塔,说美国不能......对那些试图夺取政府权力以推进其个人利益或野心的人表示同情。与此同时,威尔逊承认了秘鲁的一个革命政府。

以阿尔伯特-
法尔为首的石油利益集团开始要求美国派遣武装部队进入墨西哥,以'保护'美国的利益,并'协助在这个不幸的国家恢**复秩序和**维持和平,并将行政职能交给有能力和爱国的墨西哥公民手中'。威尔逊上台后,他向国会这样说。

> 墨西哥目前的局势与履行墨西哥的国际义务、与墨西哥本身的文明发展以及与维持中美洲可容忍的政治和经济状况不相容。

威尔逊现在正准备以美国人在墨西哥受到 "威胁"为由进行武装干预。这就是我们后来从乔治-布什那里听到的**关于侯**赛因总统的无休止的抱怨,而且,和威尔逊一样,他们的声音是不真诚的。

美国人民很容易被误导,认为这是一场国家和历史的悲剧,他们相信墨西哥对他们是一种'威胁',这为威尔逊向美国驻墨西哥领事发信,指示他们应该警告

> "当局认为对美国人的任何恐吓或虐待都有可能引起干预问题"。

这里我们有一个明显的例子,一个帝国主义的美国总统寻找借口干**涉墨西哥的内部事**务,这种行为被帝国主义的布什家族重**复了**,**他**们父子俩寻找借口夺取伊拉克的石油,他们找到了伊拉克有 "大规模杀伤性武器"这个站不住脚的借口。由于知道他欺骗了美国人民,使他们相信他们的公民在墨西哥受到虐待,以及一个 "可怕的独裁者正在掌权,需要被清除"(**你能听到**这里有 "萨达姆-侯赛因 "的说法吗),威尔逊变得更加大胆。

> 我深信，我的当务之急是要求韦尔塔离开墨西哥政府，美国政府现在必须使用必要的手段来实现这一结果。

萨达姆必须下台，否则美国武装部队就会下台"的回声，这句话一直被总统抛来抛去，好像他有权利像强盗和土匪一样行事，就像威尔逊有这个权利一样。威尔逊和布什都分别对墨西哥和伊拉克的主权国家进行了野蛮的侵略，因为美国人民不了解他们的宪法。难道没有人在法庭上挑战布什政府，要求其出示美国宪法的证据，以证明这种惊人的权力突然从何而来？

这种通常留给帝王对其帝国的惊人权力从何而来？它当然不是来自美国宪法或国际法。它是在帝国主义的支持下进行的，而且，显然，在这面旗帜下跟着这面鼓走，美国**干涉一个主**权国家的主权事务就变得合法了！"。

在美国人民了解他们的宪法之前，暴君可以逃脱干涉主权国家的主权事务（如墨西哥和伊拉克），在对宪法的了解取代无知之前，我们将继续看到美国的外交政策在全世界制造混乱。因为美国人民不了解他们的宪法，所以他们不再有宪法了。美国人民允许威尔逊在墨西哥进行新的帝国主义行为，允许布什政府在刺杀侯赛因的计划无法实施后肆意践踏伊拉克。

1912年11月，威尔逊下达了以下惊人的命令，令人惊讶的是，他的军事指挥官们应该对宪法了如指掌，因此知道他的命令是违宪的，他们应该不服从命令。

> 切断他（韦尔塔）与外国的同情和援助以及国家信用的联系，无论是精神上的还是物质上的，并迫使他离开......如果韦尔塔将军不通过武力撤退，那么美国就有责任使用不太和平的手段来清除他。

威尔逊现在有恃无恐，继续走帝国暴政的道路，干涉墨西哥的主权国家，威胁其领导人和人民，更糟糕的是，他宣布，如果墨西哥的民选领导人不下台，美国就有"责任"将其赶走即使是凯撒，在他的帝国威严下，也从未这样说话。

即使在今天，这么多年过去了，威尔逊的胆量仍然让人感到惊讶。那么美国人民对威尔逊的威胁有什么反应呢？完全没有!事实上，美国人民通过他们的沉默，鼓励威尔逊做**正确的事情**，违反他们的宪法。突然间，在帝国的旗帜下，美国僭取了平定墨西哥的权利。针对英国人提出的允许韦尔塔辞职的建议，布莱恩部长又写了一份令人吃惊的信笺。

> 总统打算通过向叛军领导人提供美国援助来摆脱韦尔塔。如果把墨西哥留给现在在那里作战的部队，和平、财产安全和迅速支付外国债务的前景会更有希望。因此，他（威尔逊）打算，几乎立即取消对美国出口武器和弹药的禁令。

这发生在韦尔塔在一次和平和公平的选举中获得连任之后。几十年后，美国人民再次站在一边，允许他们的政府在伊拉克和阿富汗进行帝国式的政治破坏，同时声称根据美国宪法，这一切都是合法的。现实是，布什父子本应被弹劾，被撤职，并以叛国罪受审。然而，这似乎永远不会发生，美国人民现在应该失去他们的宪法，因为他们已经同意石油工业领导人将其踩在脚下，而没有那么多抗议的杂音。

当我们允许一个没有被征召服役的所谓   "总司令"带领这个国家进入一场他无权打的战争，因为国会没有宣战，难怪国家会陷入困境，并造成对人的生命和数十亿美元的国库的罪恶浪费。对于我们对宪法的骇人听闻的忽视，我们应该得到什么。

美国干预墨西哥的前景大大惊动了智利、阿根廷和巴西，它们决定进行干预，以帮助墨西哥提出和解建议。当这三个国家提出和解建议时，威尔逊试图在阿根廷-巴西-智利会议在尼亚加拉大瀑布举行时阻止会议。就像1991年和2002年的布什家族一样，威尔逊并不想要和平；他想用暴力驱逐韦尔塔，因为他阻碍了那些在石油帝国主义旗帜下前进的人。威尔逊通过直接干预墨西哥，同时破坏和平解决的努力，显示了他的真实面目和对美国宪法的蔑视。

威尔逊通过金融阴谋和对其政府军的武器和弹药的封锁，孤立了韦尔塔政府。同时，他向叛军领袖卡兰萨和比利亚提供武器和金钱。他炮制了坦皮科的国旗事件，作为占领维拉克鲁斯的借口。当韦尔塔将军为国旗事件道歉时，威尔逊就像他是一个虚假的普林斯顿绅士和叛徒一样，拒绝接受道歉。

在这种可悲的行为中，我们看到了布什家族对待萨达姆-侯赛因的类似行为和举动。在韦尔塔将军和侯赛因总统这**两个案例中，我**们看到石油商像蟑螂一样在黑暗中活动，拒绝在墨西哥交税，并处处帮助卡兰萨。美国人民永远不可能知道威尔逊是一个怎样的帝国总统，他们为自己的无知付出了代价，因为他违反了《迪克法案》，把他在国家军队中的儿子送到法国战场上牺牲，尽管他的司法部长威克萨姆一再告诉他，他没有宪法权力把国家军队送到美国境外作战。由于美国人民允许自己如此不受保护，他们的儿子再次出现在美国以外的战场上，违反了宪法，美国人民再次允许违法者--
布什家族践踏宪法，逃避其暴力的后果，这一切都是为了帝国式的追求属于其他国家的石油。

1919年，多尼在参议院外交关系委员会面前吹嘘说，所有美国石油公司都参与了消灭韦尔塔的行动，就像后来所有石油公司高管都将参与削弱伊朗国王并将其赶下台一样。争夺石油的斗争仍在继续，美帝国主义军队在石油公司的旗帜下行进，同时他们唱着战歌。

> "基督教士兵前进，像战争一样行进，打着石油工业的旗帜，向前走。"

在标准石油公司的办公室里，有许多个夜晚为韦尔塔的下台而喝香槟酒。但石油高管们做了一个错误的计算。卡兰萨试图把革命说成是人民的事情，并背弃了他给美国石油公司的石油特许权。奥布雷贡将军上台后，由于美国石油游说集团的阴谋，在国务院和国务卿休斯的全力支持下，整个墨西哥陷入动荡。

休斯声称，威尔逊向坦皮科派遣美国军队和两艘军舰的行动
"在道德上是合理的"。这些都是美国宪法中没有的空话，目的是让世界对美帝国主义干涉其邻国的内政深感担忧。在1924年给共和党全国委员会的一份声明中，休斯保持了他的 "道德 "语气。

> 韦尔塔起义并不是一场具有被压迫人民愿望的革命。这是一**种**夺取总统职位的努力：它意味着对所有宪法和有序程序的颠覆。拒绝帮助既定政府将使我们的道德影响投向那些挑战墨西哥和平与秩序的人一边。

多年以后，在1991年和2006年，我们将听到布什家族父子同样的反驳，他们对伊拉克的攻击是 "道德的"。

事实上，这没有什么 "道德 "可言--这只是为了追求石油利益而对一个较小的、较弱的国家进行公**开的帝国主**义侵略；休斯和威尔逊不是在为道德而战--他们是在石油帝国主义的旗帜下前进。在整个柯立芝政府期间，美国石油商继续干预墨西哥，《纽约世界报》的一名记者在墨西哥写了一篇文章，总结了这种情况。

> 例如，这是一个帝国的事实，在最近的过去，美国官员的个人联系不是与他们被委派的政府，而是与那一阶层的墨西哥人，其中有富裕的、有文化的、有时是迷人的人，他们资助和挑起叛乱。同样众所周知的是，许多律师和石油公司的代表不仅仅是根据国际法主张他们的权利，而是公**开**地、坚持不懈地利用他们所拥有的一切影**响力来破坏墨西哥政府**。

这种臭名昭著的行为已经延伸到了委内瑞拉、伊拉克和伊

朗，美国特工、石油商和他们的中情局盟友在这些国家尽一切努力推翻这些国家的政府，用有利于那些在石油帝国主义旗帜下运作的傀儡政权来取代它们。这种好战的行为已经持续了90多年，直到今天，我们看到肇事者几乎成功地推翻了委内瑞拉的民选领导人，推翻了伊朗国王，现在又在伊拉克进行全面战争，以控制摩苏尔和其他长期寻求的伊拉克油田。墨西哥城的《环球报》很好地**揭露了那些**在华盛顿掌握不受约束的权力并在幕后运作的人的帝国主义倾向。

> 美帝国主义是经济演变的致命产物。试图说服我们的北方邻国不要成为帝国主义者是没有意义的；他们不可能不成为帝国主义者，无论他们的意图多么好。

让我们研究经济帝国主义的自然法则，希望找到一种方法，通过这种方法，我们可以减轻它们的行动，使它们对我们有利，而不是盲目地反对它们。

第六章

石油，而不是大规模杀伤性武器，引发了对伊拉克的入侵

现在已经不可能否认致命的帝国主义在美国各地猖獗，因为布什家族及其支持者理查德-切尼、克里斯托尔、佩尔、沃尔福威茨和基督教原教旨主义者给予了全权委托。这种蠕动的布什帝国主义不会以伊拉克为终点，当我们淹没这个国家时，它将继续下去，直到布什帝国主义完全无视美国宪法，淹没中东所有的石油生产国，剥夺阿拉伯人的自然资源遗产。

而在这个过程中，中东国家正被打劫一空。就拿以1200万美元买下的英国-波斯协议来说吧。温斯顿-丘吉尔说，在1921年至1925年期间，英国从这笔交易中赚了2.5亿美元。事实是，石油大亨们对伊拉克摩苏尔油田的贪婪是导致第一次世界大战的原因。

中东的混乱局面是由英国石油商和美帝国主义的干预直接造成的。背信弃义的赛克斯-皮科协议只导致了巴勒斯坦的不和谐和流血事件，这种情况一直持续到今天。

阅读这一时期的历史并意识到当时（1912-1930年）的国家政治不过是肮脏的石油政治，这很奇怪。阅读这段历史确实令人警醒--为了这段历史，战斗的双方都不必要地牺牲了数百万人的生命。1916年英国人打败了土耳其人（主要得益于阿拉伯

的劳伦斯的阿拉伯人，以换取给他们巴勒斯坦的承诺，但这些承诺从未兑现），赛克斯-皮科协议提出支持法国对叙利亚和摩苏尔的要求，以换取法国在中东的援助。1917年春天，英国对巴格达的攻势取得了成功。但他们的沙皇俄国盟友的崩溃使英国人无法到**达摩**苏尔。

停战后，守卫摩苏尔的德国-土耳其军队被撤走。这只不过是西方国家，特别是英国和美国为确保觊觎的摩苏尔油田而进行的演习和反演习。甚至没有征求该地区各国的意见。这是争夺石油的帝国外交的最丑陋的一面。

为了平息贪婪的石油公司引起的骚动，1922年11月在瑞士洛桑举行了一次会议，但在这次活动之前，英国军队带头向摩苏尔推进，而美国国务卿休斯宣布，美国不会承认英国对摩苏尔的要求，因为它是无效的。英国人认为由于占领，他们将摩苏尔'收入**囊中**'，《伦敦时报》的记者无法掩饰他的喜悦。

> 我们英国人满意地知道，三个彼此相邻的巨大油田，能够多年供应帝国的石油需求，几乎完全由一家英国公司经营。土耳其石油公司的地质学家已经证实在摩苏尔特许区存在三个大型油田。东北部的油田从哈马马-阿里经基尔库克和图兹-**卡**尔马提到金德-伊-舍林。第二条在摩苏尔南部从卡亚拉经基夫里延伸至杰贝吉-奥尼基-伊玛姆。另一个盆地始于摩苏尔西南，沿底格里斯河向**巴格达延伸至**费特哈哈山口和曼达利。

正是为了抢夺这个丰厚的战利品，老布什在"未能让侯赛因回到正轨"之后，于1991年袭击了伊拉克，这是对约翰-**帕金斯的**话的诠释。我们可以不理会那些关于伊拉克人民生活在独裁者手下的政治言论。我们可以忘记那些关于民主在伊拉克的贡献的虔诚的陈词滥调。我们可以忘记1991

年从白宫流出的谎言，忘记2008年从石油军政府口中流出的谎言。我们能够掌握的是确凿的证据，即石油大亨们今天在伊拉克的所作所为，以及他们自1914年以来一直在做的事情，只是他们帝国主义对石油的追求的延续。帝国对石油的这种追求从未像2003年3月20日对巴格达的巡航导弹袭击那样公开暴露。违反所有国际法原则，没有美国宪法的一丝授权，更不用说联合国没有给布什-切尼石油军团进攻伊拉克的许可，对巴格达的轰炸开始了。

小布什的虔诚的陈词滥调可以安全地被扔进历史的垃圾箱，因为布什皇室并不代表美国人民。G.W.布什是由美国最高法院选举上台的。可以说，如果最高法院没有选举乔治-布什，今天就不会有石油战争，因为众所周知，阿尔-戈尔曾公开表示，如果他赢得选举，就不会攻击伊拉克，美国人民也不会被迫在加油站支付高昂的汽油价格。

下面的内容应该表明，帝国主义及其前身对人民的关心是**多么的少，当小布什宣布他**对伊拉克人民的爱，体现在他想摆脱压迫他们的   "萨达姆"时，他的话听起来是多么的空虚。这段关于石油战争传奇的叙述的背景是，美国无情地拒绝了亚美尼亚人对摩苏尔的权利，表现得好像一百多万亚美尼亚人根本不重要。

亚美尼亚共和国代表团的律师Vahan Cardashian试图在要求参议院进行听证和调查时强调这种对亚美尼亚人权利的忽视。他在1928年3月14日给博拉参议员的信中说，如果外交关系委员会不对他的请求采取行动，他将要求柯立芝总统将亚美尼亚-美国争端提交海牙法庭裁决。Cardashian给参议员Borah的信内容如下

> 我指责总统内阁的两名成员在洛桑会议上就亚美尼亚问题讨价还价，阴谋影响将近百万亚美尼亚人从他们的祖先的家园驱逐出去。

我指责这些人和他们在这一暴行中的帮凶利用和使用国务院作为实施其邪恶计划的心甘情愿的工具，而国务院为了掩盖那些在这方面支配其政策的人的行踪，采取了歪曲事实、阴谋诡计、甚至恐怖主义的手段，并以不负责任和无耻的宣传充斥全国。

那么在这种情况下，国务院的土耳其政策背后的动机、目标是什么？我们说这是关于石油。一个放弃了美国合法权利的政府，然后厚颜无耻地在空气中充斥着琐事、疯狂的影射和谎言，以转移人们对其不光彩政策的注意力；一个在处理对外关系时故意践踏美国宪法的政府--我指责这样一个政府，为了一个特权集团的利益，会毫不犹豫地、而且已经毫不犹豫地出卖亚美尼亚人民和他们的家园，换取石油。

如果不管出于什么原因，参议院外交关系委员会不能也不愿意处理施加在一个勇敢的民族身上的错误，那么我将要求美国总统将政府和亚美尼亚之间的问题提交给海牙的常设仲裁法院裁决。

看来，如果今天把瓦罕-**卡达希安律**师提出的指控重新表述一下，把美国石油军政府政权的名字换成切尼、布什、拉姆斯菲尔德、布莱尔等人的名字，把"亚美尼亚人"换成"伊拉克"和"伊拉克人民"。我们将有一份完美的起诉书提交给海牙的国际法院，并对这些躲在虚假"**正确性**"面具下的人施加压力，以实际推动他们对伊拉克石油的帝国式接管。我们应该首先向参议院议长和众议院议长请愿，提出指控石油军政府成员叛国的具体法案，要求众议院弹劾他们，要求参议院认定他们有罪并迫使他们下台。然后，我们应该按照美国宪法的规定，请求在本国法院审判这些人。

如果这些呼吁和请愿被置若罔闻，那么我们必须向海牙的世界法院提出申诉，要求将帝国主义石油军团的成员绳之以法。不这样做不行，不这样做也不能阻止这个石油军政府继续在世界上横行霸道，因为它一如既往地无视石油工业旗帜下的所有国家。

1991年，**众**议员亨利-
冈萨雷斯曾试图弹劾G.W.H.布什，但被无视美国宪法的两党政客扼杀了。毫无疑问，针对小布什提出的类似决议将遭遇同样的命运，因为今天众议院和参议院的政客们甚至比1991年的人更不重视宪法。如果决议遭到冷漠或政治姿态，那么人民就有补救措施，将其提交给海牙的国际法院。至少让我们朝着恢复宪法的方向迈出一步，让石油军政府不要继续践踏它。

争夺石油的帝国主义并没有把他们的努力局限于伊拉克、伊朗和墨西哥。他们已经遍布世界各地，甚至侵犯了俄罗斯人民的主权权利，更不用说他们对委内瑞拉的干预。最特别的事件之一发生在西伯利亚，关于它的记载很少。

1918年，日本试图占领西伯利亚海岸。威尔逊试图通过外交手段来阻止这一切，但当这一招不起作用时，他未经国会批准就向西伯利亚派遣了一支美国军队，与其说是为了**帮助俄国，不如**说是为了阻止日本接管库页岛宝贵的石油和煤炭矿藏，因为威尔逊想为美国的辛克莱石油公司得到它们。俄罗斯看好辛克莱尔，认为美国人的
"手很干净"。但那些打着石油工业的帝国旗号的人却没有公平竞争。他们玩弄肮脏的伎俩，这是他们惯常的做法。

当俄国人偏爱辛克莱石油公司的时候，在他们的背后，那些杂牌的石油大亨们正在策划和反对俄国对高加索地区及其珍贵油田的控制。这与墨西哥的情况相同。美国正在秘密支持格鲁吉亚的持不同政见者团体，认为如果他们成功，所寻求的石油特许权就会落到他们头上。美国急于控制格罗斯尼-
巴库油田，但莫斯科镇压了叛乱并缴获了证明美国干预格罗斯尼-巴库的文件。

帝国主义随后前往国会，试图获得对 "格鲁吉亚民族共和国

"的承认，该共和国政府流亡在巴黎。但国务院与布尔什维克沆瀣一气，**反**对这个项目，结果不了了之。洛克菲勒-标准公司没有气馁，获得了以低价购买俄罗斯石油的特许权，英美石油公司从巴库购买了25万**吨石油**。**突然**间，反布尔什维克的洛克菲勒石油游说集团不再诽谤俄罗斯，而是**开始**赞美它。随后，洛克菲勒寻求与俄罗斯石油供应商签订越来越大的合同，并在1927年购买了50万**吨**。

洛克菲勒和布尔什维克之间的事情开始非常顺利，尽管从共产党控制的政权中传出了可怕的故事。1927年6月，标准石油公司又订购了36万**吨石油**，**真空**标准公司与布尔什维克公司签订了每年1200万美元的合同。

帝国主义石油军团（布什、切尼和拉姆斯菲尔德）关于萨**达姆-**

侯赛因（野兽）的恐怖故事为史无前例地攻击伊拉克创造了条件，即所谓的

"先发制人"，这违反了美国宪法的每一项原则，也践踏了国际法。

然而，他们的业绩记录却非常乐于与布尔什维克野兽做生意，他们在俄罗斯的残酷谋杀和镇压自由的记录比萨达姆-侯赛因对他的人民所做的任何事情都要多十万倍。布什政府敢于用崇高的语言谈论站在其一边的

"道德"，然后基督教原教旨主义的电视传教士告诉国民，这个邪恶的帝国石油军团正在进行一场"正义的战争"。

英国杂志《展望》总结了与布尔什维克的石油贸易情况，如果我们把时间框架从1928年改为2003年，它所表**达的**观点将完全**适合布什、切尼和拉姆斯菲**尔德的石油军团。

英国和美国当局认为与俄罗斯石油的贸易是合法的...一个简单的事实是，不同的公司都试图向对方使眼色。

肮脏的阴谋和竞争已经够阴险的了；试图用道德和伦理来解释它，纯粹是虚伪的。这是不体面的，令人厌恶的。

现在我们来看看布什和切尼掌舵的美国帝国石油军团的"道德"问题。他们在没有美国宪法和国际法的一丝一毫授权的情况下进攻伊拉克，并违反国际法向开放的、不设防的巴格**达市投下数千枚炸**弹和雨点般的巡航导弹，并自信地希望逃脱惩罚和纽伦堡议定书的判决。

此外，帝国主义军政府在轰炸伊拉克后，通过"重建"伊拉克获得了巨大的利润。石油军政府的副总统理查德-切尼的公司哈里伯顿和贝希特尔早在"敌对行动"**开始之前就**获得了60亿美元的丰厚合同。如果美国人民接受这一点，那么他们就应该得到等待他们的命运。

由于他的勇气，贝希特尔被伊丽莎白二世女王秘密授予CBE（大英帝国司令）勋章。庞大的宣传机器的成功阻止了美国人民的任何合理讨论，正如我们在攻击开始时所说，美国人民以75%的比例支持石油军政府对伊拉克的战争。因此，2003年3月20日的野蛮袭击事件的真相在相对较少的人心中。

乔治-奥威尔会理解石油军团及其对伊拉克的帝国式进军。这位生于1903年的技术大师接受过宣传和欺骗性外交艺术的培训，会毫不犹豫地与布什-切尼-拉姆斯菲尔德的石油军团进行斗争。但对美国来说，不幸的是，奥威尔于1950年去世，他的《1984》一书给世界留下了对事物运作的深刻理解。2003年1月1日发表的由保罗-福特撰写的摘要值得引用。

> 我猜想，今年对我们许多人来说，将是乔治-奥威尔之年。他生于1903年，死于1950年，一直主导着英国文坛。在这个百年纪念年，他的支持者（我是其中之一）和他的诋毁者（他们记得斯大林同志的好日子）之间肯定会有一场有趣的左翼辩论排练。

第七章

通往野蛮的道路

我们在奥威尔年开始时回顾，这部著名的讽刺作品《1984》预示了一个可怕的世界，分为三个权力集团，不断变换阵营以继续相互斗争。

这三个国家的政府通过声称一直有一场战争，一个敌人来维持其公民的效忠。该党表示，大洋洲从未与欧亚大陆结成联盟。他，温斯顿-
史密斯，知道大洋洲在四年前才与欧亚大陆结盟。但这种知识在哪里存在？只有在他自己的意识中。所需要的是对他自己的记忆进行一系列无尽的胜利。现实的检验，正如他们所说的：新语言；"双重思维"。

我们对伊拉克有这种
"双重思维"，它存在于我们自己头脑以外的地方。有撒切尔夫人对大洋洲（美国和英国）的记录，以及她在1991年让美国与伊拉克开战的奸诈阴谋。然后是艾普尔-
格拉斯皮的双关语，它把萨达姆-
侯赛因总统拖进了这个陷阱，在美帝国主义企图剥夺伊拉克石油的漫长道路上，又迈出了一步。

美国人民在1991年和2008年再次保持沉默，认可了帝国主义的野蛮和大规模破坏行为，没有任何抗议的声音。美国人民对历届布什政府蓄意破坏其宪法的行为不闻不问，也没有发出抗议的杂音。为什么德国要遵守   "集体责任"的理论，而美国在伊拉克的行动后却不需要？根据乔治-

布什、玛格丽特-
撒切尔和他们的帝国主义同事的命令对伊拉克犯下的战争
罪行的集体责任在哪里呢？十二年来，在英国和美国的档
案中一直没有看到文件，这些文件详细说明了　　　"大洋洲
"如何欺骗和欺骗伊拉克。撒切尔夫人在谴责侯赛因之前，
花费超过15亿美元为伊拉克装备
"大规模杀伤性武器"。这样做是因为　　　　　　"大洋洲
"与伊拉克组成了一个集团，而侯赛因是大洋洲政权的蓝眼
睛的孩子。1996年在英国举行的大规模斯科特调查期间，
这种大规模的两面派的一些细节被泄露出来。

在20世纪80年代，撒切尔政府曾向伊拉克提供了大部分依
法应被　　　　　　　　　　　　　　　　　　"禁止
"的军事装备。酋长坦克被偷运到约旦，从那里被运到巴格
达。关于机床的规定已被
"放宽"，以允许伊拉克的武器制造商进入企业。用于购买
军事装备的信贷被伪装成 "民用发展 "需求。

在20世纪80年代，白厅档案中描述的向破产的伊拉克独裁
者提供贷款担保的　　　　　　　　　　　　　"大胆战略
"得到了撒切尔夫人本人、她的外交部长道格拉斯-
赫德和**她的**贸易和工业部长尼古拉斯-
雷德利的赞同。这些人又被白厅武器销售部--
国防出口销售组织--
的官员大力游说，他们与军火公司有着密切的联系。伊拉
克的担保风险太大，不可能是真正的商业建议。它们是根
据一项声称 "符合国家利益 "的特别规定的第二节授予的。

担保本应只涵盖民用项目。但有一家名为RACAL的公司，
在厄尼-
哈里森爵士的领导下，每年定期向保守党提供8万美元的资
金，然后在1985年赢得与伊拉克的合同后，从ECGD获得
了4500万美元的秘密特别保险
"防御津贴"。ECGD的文件显示，官员们抗议说，一家公司
几乎得到了这个秘密协会的所有好处。但他们被否决了。

海湾战争爆发时，RACAL正在伊拉克建造一座工厂。随后，ECGD不得不向RACAL的银行家开出一张1800万美元的保险支票。1987年，马可尼指挥与控制公司在纳税人的担保下获得了1200万美元的银行贷款，向伊拉克军队出售AMERTS--
火炮气象系统。AMERTS使用与雷达相连的气象气球来测量风速，这对于准确的炮火射击至关重要。

美国大规模杀伤性武器猎人正是将其中的两个移动装置大张旗鼓地宣布为
"生物武器"，但当专家们说它们是用来给大炮追踪气球填充氢气时，他们又红着脸撤了回来。

但ECGD的秘密分配已经用于RACAL。所以国防部官员将合同重新归类为民用。这笔模糊的交易导致ECGD官员私下抗议说他们被国防部误导了。当马可尼没有收到他的钱时，ECGD最终开出了一张1000万美元的支票。

另一份合同也被操纵了：由约翰-
莱恩国际公司支持的Tripod工程公司设法将一份价值2000万美元的合同列为民用合同，尽管该合同是为伊拉克空军提供战斗机飞行员培训综合设施。在谈判中，Tripod公司得到了一位空军副司令的协助，这位副司令在退休后不久就被Tripod公司聘为顾问，没有按照规定征求国防部的批准。斯科特报告的结论是，他的行为即使是无意的，也有可能引起怀疑。

斯科特报告》反复引用了与伊拉克签订的连续的武器合同，使国家损失了15亿美元。

保守派内阁成员拒绝停止向萨达姆总统借出担保资金。从招标中受益的公司后来都兑现了他们的筹码。美联银行被卖给了香港银行（汇丰银行），格林费尔被卖给了德国德意志银行。

即使英国现在从萨达姆总统那里得到赔偿...

考虑到15亿美元的贷款违约，这将不足以支付英国的战争成本。这一费用估计为40-60亿美元，取决于英国要做多少占领和管理。

美国人永远不会知道这场战争的代价，也不会知道美国巨大的企业集团Bechtel和Haliburton的参与，例如。但我们确实知道，到目前为止，战争的成本估计为6500亿美元（2008年中期的数字）。艾普尔-格拉斯皮和乔治-布什犯下的双重叛国罪没有受到惩罚；大洋洲的双重思维新语言成功地欺骗了世界。

当大洋国（英国和美国）发动对伊拉克的战争时，这种新语言的双重思维是大规模的。我们，今天的温斯顿-史密斯，知道15年前，美国和英国与伊拉克结成了联盟。我们知道，当萨达姆-侯赛因对他自己的人民做了杰克-斯特劳最近的双重思考中所列的所有那些可怕的事情时，英国外交大臣站在了萨达姆-侯赛因一边。

我们知道，我们的政府改变了自己的准则，向萨达姆出售他可能或可能没有的任何大规模毁灭性武器的成分。我们还知道，美国轰炸机起飞杀害伊拉克人的关键基地在沙特阿拉伯，而沙特阿拉伯的政权比萨达姆的政权更加独裁、野蛮和恐怖（而且，我们赶紧补充，在残酷的独裁统治方面，科威特比伊拉克和沙特阿拉伯还要糟糕十倍）。但这**种知**识存在于哪里呢？它只存在于我们的意识中。

奥威尔的伟大小说不仅是一种讽刺，而且是一种可怕的警告。他想提醒他的读者，默许强势政府及其媒体走狗的谎言和歪理是危险的。

反战运动在英国和美国没有迅速发展。幸运的是，我们仍然可以像奥威尔在另一段话中敦促的那样，"把我们的良知变成力量"，并 "像马匹摆脱苍蝇一样"摆脱战争贩子。"如果我们不这样做，我们就会陷入另一个可怕的循环，战胜我们自己的记忆和双重思维......。

我们需要 "摆脱战争贩子

"和他们的双关谎言的novlanguage。我们需要把媒体、他们的看门狗和奸商放在正确的角度，放在 "先天性骗子"的标题下。如果我们不这样做，我们确实注定要生活在一个像奥威尔的《1984》中描述的那样可怕的政权下。我们可以绝对肯定这一点。回到1991年，重温老布什、艾普尔-格拉斯皮、玛格丽特-撒切尔和她的亲信们的谎言、欺骗和双重思维的小说，将**你**对这些事件的记忆，与你对今天的事件的认识并列在一起，**看看惊人的相似之**处。然后提高你们的抗议声音。

让我们把注意力转向仍在对前小国伊拉克发动的种族灭绝战争，这个民族和国家从未伤害过美国，尽管恰恰相反，我们美国长期以来一直试图伤害他们。自20世纪20年代以来，有数百页的历史文件证明了这一事实。秘密政府、石油工业和媒体监督者与大洋洲勾结，已经对一个无辜的民族造成了可怕的伤害。

英国剥离伊拉克的努力甚至比美国更糟糕，尽管他们必须为其对这个几乎毫无防御能力的小国的野蛮行为承担同等责任。英国的努力具体化为分割伊拉克的一部分，并称其为 "科威特"。通过武力，他们建立了一个新的"国家"，他们称之为科威特，是威斯敏斯特的一个傀儡，将中东历史上最糟糕的暴君--萨巴赫家族置于其领导地位。

然而，当伊拉克试图夺回本应属于他们的东西时，大洋彼岸的布什却派格拉斯皮公然欺骗侯赛因和美国人民，为伊拉克军队进入科威特并将其拆除开绿灯。格拉斯皮的双关语告诉侯赛因。

"我们不干预阿拉伯国家之间的边界争端"。

更糟糕的是，当她后来被带到参议院面前时（在她失踪之前），格拉斯皮故意撒谎，至今仍逃脱了她的背叛行为的后果。**她欺**骗了大洋洲的人民。这个女人，这个石油军政府的情妇，对帝国争夺石油过程中超过一百万伊拉克人的死亡负有直接责任。

德国在纽伦堡法庭上的所作所为与大洋洲对伊拉克的所作所为有什么区别？没有任何区别。大洋洲的领导人，不管是过去还是现在，都必须被拖到正义的舞台上，为他们令人发指的严重罪行接受审判。在做到这一点之前，世界上不会有和平。

与此同时，大洋洲的高级祭司们继续用他们的双关语新词行话。拉姆斯菲尔德是这类虚假信息的最佳实践者之一。2003年3月20日，他声称在对伊拉克的战争中有大量的"联盟伙伴"，而事实上只有两个：澳大利亚和英国。因此，使用"联盟"一词来加强对其事业的支持实际上是一种欺骗。联盟中唯一真正的力量是美国海军、陆军和空军。

布什总统断然要求人们服从排名：的确，人们可以支持美国，同时完全反对对伊拉克人民实施的残酷野蛮行为。布什期望大多数人默许他的双重标准，但凭着我们的良知，我们必须抵制他。这场战争不是关于"爱国"和"支持军队"。这场战争是关于真相的，而真相是，帝国主义的美国在没有理由、没有正当理由的情况下两次袭击了一个弱小的国家，但现在却试图用双关语来回避它所犯下的可怕的罪行。

我们能够站起来并被计算在内的唯一方法是将真相带到街上。在美国国会，我们哪里也去不了。它在这场可怕的危机中摇摆不定，被锁在石油军政府的怀抱中，对正在进行的全球抗议活动充耳不闻，死死地盯着跨国公司。我们必须把自己重新归类为石油军政府的反对者，因为石油军政府正在把国家引向灭亡，我们必须反对那些打着石油工业旗号游行的人。

乔治-奥威尔。

把**你的意**识变成力量。把那些战争贩子像苍蝇一样摇晃。

只有这样，我们才能打败他们建立世界新秩序的动力。如果我们失败了,大洋洲的战争贩子将粉碎我们,而我们不能允许这种情况发生。如果我们想为我们的孩子和我们自己争取一个未来，大洋洲必须被打败。不幸的是，美国人民没有奋起直追，被好战的共和党拖入战争，在911事件后，共和党把所有的约束（包括美国宪法规定的控制）都抛到了九霄云外，所以美英帝国对伊拉克的军事攻击没有任何克制，其借口是找到不存在的
"大规模杀伤性武器"（用塔维斯托克的说法），但实际上是为了从伊拉克夺取石油。

对美国人民毫无节制地使用庞大的宣传机器的成功，是这门科学历史上的重大发展之一，自威灵顿-豪斯、伯纳斯和利普曼的时代以来，这门科学已经走过了漫长的道路。由于普通美国人的注意力只有两个星期，关于   "大规模杀伤性武器"的谎言和歪曲很快就会被遗忘，布莱尔和布什的英国和美国政府将被原谅。这个问题实在太大，无法扫到地毯下，但随着时间的推移，它将从新闻媒体的头版中淡化。

在2003年1月28日向美国国会发表的国情咨文中，布什总统告诉世界，没有时间可以浪费，没有时间可以等待。布什说，如果被联合国或世界各地反对攻打伊拉克的大规模抗议所牵制，将使美国和英国暴露在
"萨达姆的大规模毁灭性武器"之下。

布什已明**确表示**，**伊拉克必**须对...25,000升炭疽病毒，38,000升肉毒杆菌毒素，**500吨沙林、芥子气、VX神经毒剂**和几个移动生物武器实验室，以及先进的核武器开发。

根据国务卿鲍威尔在联合国和首相布莱尔在英国议会重复的这一说法，51%的美国人被说服同意立即对伊拉克进行军事攻击，尽管这是美国宪法所禁止的，联合国安理会也拒绝批准对伊拉克发动战争。我们在此不讨论美国和英国政府是如何严重违反国际法的，但只要说美国军队入侵伊

拉克违反了四项日内瓦公约中的每一项、1922年海牙空战规则和纽伦堡议定书即可。在英国议会，布莱尔发表了慷慨激昂的演讲，以说服他自己党内动摇的成员，他感同身受地指出，伊拉克可以在45分钟内使用大规模毁灭性的化学和生物武器对英国发动攻击。他告诉下议院，情报部门提供了伊拉克拥有大规模毁灭性武器并准备使用这些武器的证据。如果没有布莱尔的说服力，再加上他声称的情报报告支持他的说法，议会就不会同意匆忙对伊拉克发动战争。现在证明，通往战争的道路是由谎言铺就的。正如《独立报》所说。

> 入侵伊拉克以消除其大规模杀伤性武器的理由是基于对情报的选择性使用、夸大其词、使用已知不可靠的消息来源和公然捏造，等等。

随着伊拉克总统统治的结束，我们预计会找到这样的武器，尤其是布莱尔首相告诉议会，这些武器可以在45分钟内准备好并投入使用。在发射台或车辆上隐藏火箭是非常困难的，所有的火箭都装满了燃料，准备发射。然而，截至2008年5月15日，尽管由6000名美国和英国　　　　"视察员"组成的小组进行了一系列密集的搜查，但仍未发现此类武器。尽管联合国安理会决议仍然有效，但布什总统断然拒绝按照首席检查员汉斯-
布利克斯的要求，允许联合国武器检查员返回伊拉克。顽固的布什反对联合国搜索小组的负责人。联合国搜索小组将不会返回伊拉克。布什同样坚定地表示，这些武器将被找到。由于在这方面缺乏进展而受到攻击，"联盟伙伴"杰克-斯特劳（Jack
Straw）曾支持布莱尔，至少发表了35次正面声明，称伊拉克因其大规模杀伤性武器而对世界构成威胁，但他于2004年5月15日在议会被迫退缩。

根据伦敦政治记者尼古拉斯-瓦特（Nicholas
Watt）**关于**议会辩论的报道（英国在
"有争议的伊拉克武器问题

"上出尔反尔），英国不得不在至关重要的大规模毁灭性武器问题上退缩。美国国务卿鲍威尔和国家安全顾问赖斯试图从未能发现伊拉克传说中的武器的困境中挣脱出来，杰克-斯特劳借鉴了他们的做法，增加了自己的版本。

> 英国在伊拉克大规模杀伤性武器问题上出尔反尔，外交大臣杰克-
> 斯特劳被迫承认，可能永远找不到确凿的证据。他说，找到它
> "并非至**关重要**"，因为伊拉克的不法行为证据确凿。他以联合国首席武器检查员汉斯-布利克斯（Hans Blix）在战前发现了 "大量的证据 "为由，否定了未能找到违禁武器的重要性。这些 "数量**惊人的**证据 "包括10,000升的炭疽，这些炭疽只是部分地装满了一辆油罐车。

> "斯特劳先生说："我们是否能在一个面积为法国两倍的国家找到三分之一的汽油，还有待观察。

> "我们没有在配额的基础上参战。我们是在国际社会完全掌握的证据的基础上参战的"。

他的评论得到了战争批评者的响应，是对部长们关于萨达姆-
侯赛因可以在45分钟内发动化学和生物袭击的说法的戏剧性退缩。斯特劳先生还可能会遇到布利克斯博士的麻烦，他可能会对他提出的关于存在被禁武器的 "压倒性证据 "的说法表示异议。一向谨慎的布利克斯博士只说有一个 "强有力的推测"，即伊拉克有1万升炭疽菌。

作为一名律师，斯特劳先生小心翼翼地表示，布利克斯博士只是 "建议 "伊拉克有炭疽病，但当他把发现的化学和生物组合称为 "进一步证据 "时，他试图表明可以接受炭疽病的存在。"

一直是政府最强烈批评者之一的哈利法克斯工党议员Alice

Mahon说。

> "战争的整个基础是建立在一个不真实的基础上。全世界都可以看到，部长们在他们的主张上出尔反尔。人们真正相信总理所说的伊拉克的武器计划和它在45分钟内发动攻击的能力。这使战争变得更加非法"。

由前国防部长彼得-
基尔弗尔领导的工党持不同政见者将加强对政府的压力，提出一项下议院动议，要求提供大规模破坏的证据。他们对这个问题特别关注，因为以托尼-
布莱尔为首的一系列部长在战前对萨达姆-
侯赛因构成的威胁发出了可怕的警告，从而赢得了摇摆不定的议员的支持。随着对未能找到被禁武器的批评越来越多，部长们努力提供一个合理的解释。但到目前为止，他们的解释都是假的。

第八章

无法追踪的ADMs

伊拉克大规模杀伤性武器搜索小组（WMDST）正在逐**步**结束其行动，但没有发现萨达姆-
侯赛因有化学、生物或核武器库存的证据。该小组调查了许多被美国情报部门确定为可能含有大规模杀伤性武器的地点，但现在已经接受了不大可能找到任何武器的说法。

行动正在结束，一个名为伊拉克调查小组的较小单位将接管。美国陆军第75特遣部队的负责人理查德-
麦克菲上校说，他的生物学家、化学家、计算机科学家和文件专家团队在抵达伊拉克时相信情报界的警告，即萨达姆已经向那些负责化学武器库的人发出了
"释放授权"。他对《*华盛顿邮报*》说："我们没有让所有这些人白白穿上防护服，"。但如果他们打算使用这些武器，一定有东西可以使用，而我们没有找到。在情报界，关于这个问题的书会写很久。

萨达姆被指控拥有此类武器是华盛顿和伦敦用来为对伊拉克的战争辩护的主要借口之一。2000年2月，当时的美国国务卿科林-
鲍威尔在向联合国作报告时，指出了他认为正在生产大规模毁灭性武器的地点。当乔治-
布什于5月1日在林肯号上发表胜利宣言时，他说。

> 我们已经开始搜索隐藏的化学和生物武器，我们已经知道有数百个地点将被调查。

已经取得了一些进展。据报道，一个大规模毁灭性武器专家小组得出结论，在伊拉克北部摩苏尔市附近发现的一辆**拖**车是一个移动式生物武器实验室。该小组同意，但其他专家不同意。一些官员声称，已经发现了多达三个这样的实验室，尽管在其中没有发现任何生物或化学制剂。("移动实验室
"原来是配备了为大炮追踪气球填充氢气的车辆，尽管这一信息被埋没在英国和美国报纸的后页中)。

5月11日，美国参谋长联席会议主席理查德-
迈尔斯将军说，大规模杀伤性武器可能仍然掌握在伊拉克特**种部**队手中。它们是否已经完全部署，并可能被用来对付我们，或者它们仍然可能在某个掩体里，并可能被使用？但现场的人则更加怀疑。美国中央司令部在战争开始时有一**份**19个可疑的优先武器地点的清单。除了两个人之外，其他所有人都被搜查过，但没有发现证据。还有69个地点被**确定**为提供了大规模杀伤性武器位置的线索。其中，有45个被搜索到，但没有成功。

一些专家认为，问题之一是大规模杀伤性武器搜索小组被耽搁了太长时间，使伊拉克军队得以拆除或销毁这些设备。还有人认为，对这种武器存在的评估是错误的。一位国防情报局官员说。

> "我们来到了熊的地盘，我们满载而归来寻找熊，却发现熊不在那里。问题是'萨达姆-
> 侯赛因的化学和生物武器在哪里？现在的问题是什么？这就是我们正在努力确定的事情。

到2008年，很明显，侯赛因拥有大规模杀伤性武器的整个故事只不过是一个令人厌恶的巨大谎言，由参议员杰伊-洛克菲勒领导的参议院委员会的报告证实了这一点。他点名批评了布什和切尼，指责他们故意误导美国人民和国会。在伊拉克调查小组的主持下，寻找大规模杀伤性武器的工作继续进行，该小组还在寻找有关侯赛因总统政府的信息。白宫声称，这支部队比特遣部队更大。但官员们承认

，参与武器研究的工作人员数量已经减少。几周来，我们听到了**关于美国和英国**军队在伊拉克可能发现化学和生物武器的无尽报道。几小时或几天后，如果你翻阅报纸的后页，你会发现这只是另一个假警报。但从未提及的是，根据国防部自己的文件，根据十年来的国际检查、电子监控和　　　　　　　　　　　"间谍和叛逃者"提供的信息，这些武器即使曾经存在，也是五年、十年或十五年前制造的，几乎可以肯定已经无法使用，早已超过了稳定的保质期。

伊拉克有大规模杀伤性武器计划，但没有实际的武器，这一点从来没有疑问，世界也没有天真到相信萨达姆-侯赛因不会试图向联合国视察员隐藏这些武器。

然而，美国入侵的理由是，经过十年的制裁、战争、美国轰炸和联合国检查，伊拉克仍然构成可行的核、化学和生物威胁。布什政府表示，这些武器可能被部署到伊拉克边境以外的地区，或提供给恐怖组织。

对布什来说，不幸的是，这种说法完全没有依据，当时的国务卿科林-鲍威尔在联合国大力宣传，他声称有明确的证据表明，从沙林毒气（也被称为北约代号GB）到炭疽病，再到破坏制裁的导弹，都有大量库存在伊拉克，随时可以使用。

这并不重要，那个告诉鲍威尔化学和生物武器库存的伊拉克叛逃者也说它们已经被完全销毁，而鲍威尔却忽略了告诉联合国和世界。这并不重要，即使它是真的--其实不是的--因为这些库存在货架上放了这么多年之后，几乎肯定会变得无法使用和灭亡。

奇怪的是，美国媒体几乎无一例外地没有提到，大多数生化制剂的保存期相当有限。为数不多的报道通常引用前联合国伊拉克武器检查员、有争议的战争反对者斯科特-里特的话。据里特说，伊拉克已知的化学武器神经毒剂如沙林和塔崩的保存期为五年，VX的保存期稍长。萨达姆的主要生物武器也好不到**哪里去：肉毒杆菌毒素的有效期**约为三年，液体炭疽的有效期也差不多（在合适的条件下）。而且，里特还说，由于所有化学武器都是在伊拉克唯一的化学武器综合体--

国营的穆萨纳设施制造的，该设施在1991年第一次海湾战争中被摧毁，而且所有生物武器工厂和研究材料都在1998年被明**确**销毁，任何剩余的生物/化学武器库存现在都是"无害和无用的。

然而，其他人对瑞特的可信度提出了质疑。他曾是支持在第一次海湾战争后入侵伊拉克的鹰派人士，最近于1998年在《新共和》的一篇文章中写道，萨达姆可能已经成功地对联合国视察员隐藏了从强大的生物和化学制剂到其整个核武器基础设施的一切。

但事实是，伊拉克的大规模杀伤性武器的寿命可能比里特声称的还要短--美国政府也知道这一点。美国国防部的"军事关键技术清单"（MCTL）是一**份**详细的技术汇编，该部门认为这些技术

"对维持美国的卓越军事能力至关重要"。它**适用于所有任**务领域，包括反扩散。

那**么**，MCTL对伊拉克的化学武器计划有什么看法？

在制造化学神经毒剂时，伊拉克人生产了一种固有的不稳定的混合物。当伊拉克人生产化学弹药时，他们似乎遵守了一个 "制造和使用"制度。从伊拉克向联合国提供的、后来经现场检查核实的信息来看，伊拉克生产的神经毒剂的质量很差。质量差可能是由于缺乏纯化的原因。该制剂必须迅速运送到前线，否则会在弹药中降解。

国防部的报告指出。

此外，（第一次）海湾战争后在伊拉克发现的化学弹药含有严重变质的药剂，其中相当一部分有明显的渗漏。

这些劣质制剂的保质期最多只有几周，这不允许积累大量的化学武器库存。在第一次海湾战争前不久，据说伊拉克人创造了二元化学武器，其中相对无毒的毒剂成分直到使用前才混合，使使用者不必担心保质期或毒性问题。但是，根据MCTL的说法，"伊拉克人有少量混杂的二元弹药，在使用前，一个不走**运的人必**须将一种成分从罐子里倒入**另一种成分中**"--很少有士兵愿意做这种动作。

伊拉克生产了芥子气，它比神经毒剂更稳定一些。它可能有较长的保质期；有效形式的药剂可能仍然可用。但是，在伊拉克的劣质制剂生产多年后，我们应该为其担心多少，这是值得怀疑的。而且，正如里特现在所坚持的那样，近年来**运行的任何化学武器**设施都可能像其核设施一样，排出废气；而任何新的生物武器计划都必须从头开始。这**两种活**动本来很容易被西方情报部门发现，但却没有拿出任何证据，因为没有发现任何证据，原因很简单，就是不存在。

伊拉克**构成的核威**胁的论点建立在更不稳定的基础上，但这并不妨碍鹰派利用缺乏证据来吓唬不情愿的政治家。

在美国国会准备对授权在伊拉克使用武力的决议进行投票时，托尼-布莱尔政府选择在这个时候公布了一个明显的爆炸性消息：英国情报部门获得的文件显示，在1999年至2001年期间，伊拉克曾试图从一个不知名的非洲国家购买"大量的铀"，"尽管没有可能需要它的积极民用核能计划"。

纽约客》的资深记者西摩-赫什（Seymour Hersh）写道，就在布莱尔公布这把所谓的 "吸烟枪"的同一天，中央情报局局长乔治-特尼特（George Tenet）在参议院外交关系委员会关于伊拉克大规模杀伤性武器问题的非公开听证会上讨论了伊拉克与有关非洲国家尼日尔的文件。布莱尔把文件交给了美国情报部门，而且

时机恰到好处；特尼特的证据在促使国会支持战争决议方面发挥了作用，正如我们已经说过的，这不是美国宪法规定的权力。宪法规定，宣战必须由参众两院联席会议通过。任何东西都是违宪的，"决议
"是违宪的、无效的，因为它不符合宣战的标准。

国际原子能机构（IAEA）本应为联合国安理会核实这些重要文件的真实性，但经过几个月的恳求才从美国政府那里获得这些文件--
考虑到布什白宫如此急于向怀疑的世界证明萨达姆的核意图，这种拖延很奇怪。正如我们现在所知，国际原子能机**构**总干事穆罕默德-
巴拉迪告诉联合国安理会，尼日尔关于铀销售的文件显然是假的。这些文件非常糟糕，我无法想象它们来自一个严肃的情报机构。在随后举行的众议院听证会上被问及这些伪造品时，美国国务卿科林-鲍威尔说。

"它来自于其他来源。它是真诚地提供给检查员的"。

指向英国军情六处的人是肇事者；阿拉伯消息来源指向以色列的摩萨德。事实上，本届政府经常掩盖这样一个事实：联合国在视察员于1998年**离开之前，已**经摧毁了伊拉克核武器计划的所有基础设施和设备。即使侯赛因在过去五年中以某**种方式秘密**进口了重建这些设施所需的材料，而联合国的制裁、禁飞区和西方军队的大力监视仍然坚定地存在，伊拉克也无法掩盖**离心机**设施所释放的气体、热量和伽马射线--
而我们的情报能力早就已经发现了这些。在IAEA爆炸事件发生一周后，参议员杰伊-洛克菲勒（Jay Rockefeller）正式要求联邦调查局对此事进行调查，他说

"这些文件的编造可能是一个更广泛的欺骗行为的一部分，旨在操纵关于伊拉克的公众舆论......"。

联邦调查局从未就这一重要问题公布任何消息。虽然白宫内部人士和媒体承认，他们不再期望在伊拉克找到许多（

如果有的话）大规模杀伤性武器，但各种难以令人信服的情况被抛出：武器去了叙利亚，它们在美国入侵前几小时被有效销毁，等等。然而，事实似乎是，伊拉克是一只纸老虎，几乎没有威胁到美国或以色列的能力。

布什政府在伊拉克大规模杀伤性武器问题上已经改弦更张，而这正是它发动战争的原因。现在它不再寻找大量的违禁材料库存，而是希望找到书面证据。这种言辞上的转变，显然部分是为了抑制公众的期望，在过去已经逐渐发生，因为美国军事特遣部队几乎没有发现什么可以证实布什政府的说法，即伊拉克隐藏着大量的化学和生物制剂库存，并积极开展秘密的核武器计划。

布什政府似乎希望这些不方便的事实能从公众的讨论中消失。反对战争的自由派智库政策研究所（IPS）的菲利斯-本尼斯（Phyllis Bennis）说："这在很大程度上正在发生，"。很少有政治家提出这个问题，他们不愿意挑战一个受欢迎的军事胜利。

然而，加州众议员简-哈曼（Jane Harman），众议院情报委员会中排名第一的民主党人，表示了担忧。

> 尽管我对战前的论点深信不疑，但我对发现伊拉克武器方面缺乏进展越来越感到担忧。我们需要全面说明国会和战争策划者在冲突前和冲突期间所掌握的情报。

在《纽约时报》/哥伦比亚广播公司的民意调查中，49%的读者说政府高估了伊拉克被禁武器的数量，29%的人说政府的估计是准确的，12%的人说估计很低。

早些时候，布什先生在2005年10月7日的一次演讲中说。

> 伊拉克政权...拥有并生产化学和生物武器。它正在寻求获得核武器。我们知道，该政权已经生产了数千吨的化学制剂，包括芥子气、沙林神经毒气、VX神经毒气......而监控照片显示，该政权正在重建其用于生产化学和生物武器的设施。

在2006年1月的国情咨文中，布什指责伊拉克拥有足够的材料......可以生产超过25,000升的炭疽--
足以杀死几百万人......超过38,000升的肉毒杆菌--
足以使几百万人因呼吸衰竭而死亡......多达500吨的沙林芥子气和VX神经毒剂。

2月6日，美国国务卿科林-
鲍威尔在向联合国安理会发言时说，华盛顿　　　　　"知道"巴格达已将含有生物战剂的火箭发射器和弹头分散到伊拉克西部的一些地方。

> 我们还有卫星照片表明，被禁材料最近已经从伊拉克的一些大规模杀伤性武器设施中转移出来。毫无疑问，萨达姆-
> 侯赛因拥有生物武器，并且有能力迅速生产更多的生物武器。

鲍威尔在4月向国会作证时说，将找到武器。他在联合国的演讲中说，我们在那里的一切都有备份，有双重和三重来源。

一位伊拉克陆军将军说，萨达姆-
侯赛因的政府可能在美国袭击伊拉克推翻侯赛因总统之前的一段时间就已经销毁了化学武器储备。但是大卫-
H.少将。第101空降师指挥官彼得雷乌斯说，现在明确确定伊拉克可疑的非常规武器库的位置或状况还为时过早。彼得雷乌斯将军在摩苏尔通过视频电话向五角大楼的记者发表讲话，他说。

> ...毫无疑问，多年前就有化学武器，我只是不知道多年前是否所有的东西都被销毁了......如果它们在战争前就被销毁了，或者它们仍然被隐藏着。我们自己的化学部门检查了这辆拖车，并确认它与上周特种部队在这里的东南部发现的第一辆拖车非常接近和相同。

军事小组筛查了几十个可疑地点，但没有发现非法武器。这辆拖车原来是一个炮兵跟踪部队的一部分，该部队使用充满气体的气球来测量炮火的准确性，与核武器没有任何**关系**。驻伊拉克美军指挥官汤米-弗兰克斯（Tommy R. Franks）将军说，这些小组最终可能不得不搜索几千个地点以寻找此类武器的证据。然而，彼得雷乌斯将军提供了一个可疑的移动生物武器实验室的新细节，他说该实验室于5月9日在摩苏尔附近的军事研究设施Al Kindi被发现。

据军事和文职官员称，美国小组现在已经找到了三个移动实验室的部分位置。然而，彼得雷乌斯将军说，在阿尔金迪发现的拖车并不完整。我们当然有理由认为，如果萨达姆-侯赛因认为他的最后时刻即将到来，他将更有可能为向基地组织交出大规模毁灭性武器开绿灯。然而，布什白宫和五角大楼似乎并没有预料到这种可能性。他们更关心的是找到大规模杀伤性武器的证据（这将帮助布什证明战争的正当性），而不是对抗伊拉克大规模杀伤性武器所带来的所谓威胁。

为什么不在战争一开始就成立伊拉克调查队，并准备尽快冲进去，试图找到并保护这些威胁美国的物体？战争，毕竟不是一个**惊喜。而来自伊拉克的消息也不容**乐观。在美国调查人员到达伊拉克的核设施之前，抢劫者早已清理了这些设施。他们是否只是拾荒者，在不知情的情况下抓起了对健康和环境造成危害的放射性物质？或者他们是在寻找脏弹的材料的恐怖分子？无论是哪种情况，对布什、国防部长拉姆斯菲尔德以及其他政府和五角大楼官员来说，一个合理的问题是：为什么你们不立即设法保护这些地点？

5月4日，《华盛顿邮报》的巴顿-盖尔曼（Barton Gellman）报道说，在官方犹豫不决一个月之后，国防部一个经过专门训练的小组于5月3日才被派往巴格**达核研究中**心：盖尔曼报道说，该小组发现该地点--存放着1981年被以色列轰炸的核反应堆的遗迹，并储存着对航脏炸弹制造者非常有吸引力的放射性废物--

被洗劫一空。

> "该小组的调查似乎提供了新的证据，表明战争将该国最危险的技术分散到任何人都不知道或控制的地方。"

布什不必解释寻找大规模杀伤性武器的缓慢步伐，也不必解释在这一关键领域缺乏战前计划。幸运的是，民主党人花了更多时间批评他的航母拍照演讲（这导致新闻频道循环播放 "Top Gun"片段）。但在5月7日的白宫简报会上，新闻秘书阿里-弗莱塞被逼着说，美国是否没有采取行动防止大规模杀伤性武器的散布（如果存在的话）。这次交流很有启发性。

问题。

> "我知道，但**你在**发表这些声明时没有回答直接的问题，即本届政府不仅对发现的东西--你还在检查--而且对可能离开该国的武器材料或实际武器知道多少？"。

弗莱塞：

> "嗯，我们在这方面没有什么具体的报告。"

正是如此，白宫在防止大规模杀伤性武器相关材料被提供给恐怖分子或被恐怖分子抢走的努力方面没有什么可说的。白宫在战前确定的风险并不像弗莱塞先生所说的那样，萨达姆-侯赛因会对美国使用大规模杀伤性武器，而是他将这些武器塞给那些会这样做的恐怖分子。但他能说在战时或战后没有发生过这种转移吗？他当然不能诚实地声称，美国军方为防止这种噩梦般的情况而勤奋地行动。事实上，销毁可能存在于伊拉克的任何大规模毁灭性武器材料的指挥和控制结构，只会增加这种危险材料最终落入恐怖分子手中的可能性。

然后，弗莱塞指出。

> "正如我先前所说，我们非常确信他们拥有大规模毁灭

性武器。这就是这场战争的目的，也是它的本质。"

在检查了110多个地点后，检查人员没有发现任何结论性意见。这是一次假警报的练习。拉蒂菲亚的可疑白色粉末只是爆炸性粉末。这些被认为是沙林和塔本神经毒剂的桶是杀虫剂。当十几名美国士兵检查一个可疑地点并生病时，是因为他们吸入了化肥的烟雾。

每一次挫折都会增加政治压力。政府部门和情报机构之间的内讧在大西洋两岸都变得很激烈。在发动战争解除伊拉克的可怕武器后，美国和英国都不敢承认伊拉克从来没有这种武器。寻找大规模毁灭性武器是一场惨败，以完全失败告终。

这项研究对新布尔什维克阴谋集团尤为重要。在 "9-11"事件后美国的勇敢新世界里，五角大楼核心的这一小批分析家是伊拉克战争的推动者。阴谋家的人数不超过十几个，是特别计划办公室的一部分，这是一个新的情报机构，与中央情报局对抗并取得了胜利。中情局在伊拉克问题上犹豫不决，特别调查办公室（OSP）则一意孤行。

在中情局有疑虑的地方，公共服务办公室很坚定。它在伊拉克问题上打了一场大仗，最终被拖垮了，被发现不合格。PSO是国防部长唐纳德-拉姆斯菲尔德的创意，他在2001年恐怖袭击后创建了PSO。它的任务是在伊拉克问题上重操旧业，表明中情局忽视了伊拉克所**构成的威**胁。但它的出现在通常保密的情报收集领域造成了重大破坏。

公共服务办公室直接向政府的主要新布尔什维克战争贩子之一保罗-沃尔福威茨报告。在对总统说悄悄话时，OSP绕过了中情局和五角大楼的国防情报局（DIA）。他们极力主张在萨**达姆的武器**计划实现之前对其发动战争。

中情局和国防情报局更温和的声音被压制。媒体的泄密事件此起彼伏。一位中情局官员将这个阴谋集团描述为

"疯狂",执行
"上帝的任务"。但阴谋集团和拉姆斯菲尔德的五角大楼赢了,鲍威尔的鸽派国务院输了。两人之间的紧张关系现在已经公开化了。

"拉姆斯菲尔德创建了自己的情报机构,因为他不喜欢他得到的情报,"外交关系委员会国家安全研究主任拉里-科布说。"他不喜欢鲍威尔的做法,这是一个典型的、过于谨慎的外交家。"前中情局官员对PSO持严厉态度。他们说,他们不可靠,而且有政治动机,他们破坏了熟练的中情局间谍几十年的工作,当真相与他们的世界观相矛盾时,他们无视真相。

> "中情局前反恐负责人文斯-坎尼斯特拉罗（Vince Cannistraro）说:"他们的方法很恶毒。

> "情报工作的政治化是普遍现象,蓄意造假受到鼓励。他们在所有事情上都选择了最坏的情况,很多信息都是虚假的。"

但是坎尼斯特拉罗已经退休了。他的攻击并没有困扰牢牢"掌控
"着华盛顿决策者的阴谋家们。然而,即使在他们中间,在伊拉克继续找不到大规模杀伤性武器也是一种越来越大的恐惧。战争的余波可能会使他们倒下。警告是白纸黑字写在那里。托尼-布莱尔引用   "情报
"来源,制作了一份官方档案,结论是伊拉克可以在接到命令后45分钟内发射化学或生物武器。这是一个可怕的前景,并在档案资料产生后加强了战争的理由。但冷酷的分析揭示了一个不同的故事。伊拉克被联合国武器检查员抛弃,然后被轰炸,被入侵,最后被置于美英帝国的军事控制之下。在所有这些时间里,其大规模毁灭性武器的 "按钮"从未被按下过。亲战派和反战游说团体现在想知道原因。这种神秘的失败能否得到解释,或者这些武器从未存在过?

据哈里伯顿公司的高层管理人员说，在美国军队向伊拉克投掷炸弹和导弹的几个月前，国防部正与副总统迪克-切尼的前公司哈里伯顿公司秘密合作，进行一项交易，使这家世界第二大石油服务公司完全控制伊拉克的油田。此外，哈里伯顿公司的机密文件证明，伊拉克战争的目的是控制世界第二大石油储备，而不是推翻伊拉克总统萨达姆-侯赛因的政权。

据文件显示，国防部与凯洛格、布朗和罗特公司旗下的哈里伯顿公司之间的管理伊拉克石油工业的合同早在2002年10月就已拟定，最终的价值可能达到70亿美元，对哈里伯顿公司来说是一笔意外之财。

到2003年10月，哈利伯顿公司被数十亿美元的石棉债务所累，同时还受到国内石油生产放缓的影响。哈里伯顿公司的股价反应迅速，从前一年的22美元高位暴跌至2002年10月的12.62美元，并**开始流**传该公司将被迫破产的谣言。综上所述，考虑到美国帝国政府在外交政策上受石油工业指导和控制的历史，我们有理由得出这样的结论：即使没有大规模杀伤性武器的"虚**构情况**"，入侵伊拉克的唯一目的也是为了获得对其巨大石油资源的控制。

第九章

残暴的帝国主义在作祟

石油工业已经把美国从一个人人享有和平与正义的良性共和国变成了一个全球帝国主义帝国，摧毁了开国元勋们的共和国给世界带来的希望。共和国的信条是建立在明显非物质主义的道德哲学之上的。但大企业和银行机构反对美国共和国，美国变得贪婪、物质主义、好战并致力于完全的商业主义。

石油工业对这一巨大变化负有主要责任，并因此受到严重诋毁，它在很大程度上赢得了政府和私人的各种批评者对它的所有熟悉的绰号。

以下各章的目的是探讨一个绝密的团体，并确定石油工业是否配得上它毫无疑问的坏名声。这是一个在所有试图突破其围墙的尝试中幸存下来的行业。它经受住了参议院的多次调查、反托拉斯审判以及两位经验丰富、意志坚定的美国参议员--已故的亨利-杰克逊和已故的弗兰克-丘奇的个人报复。

只有一个人，**卡扎菲上校，能够**打乱 "巨头"的阵脚；一个来自利比亚沙漠的孤独的贝都因人，这个人打乱了 "七姐妹 **卡特**尔的阵脚，让"政府中的政府"、世界上最强大的石油公司的董事和董事会成员大失所望--

也大为惊讶。但在2003年对伊拉克的战争之后，利比亚被说服

"看到了光明"，现在被大石油公司所控制。正是在里根担任总统期间，美国公开地从共和国走向了帝国。罗纳德-里根用跨国公司的领导人充实了他的内阁；Bechtel公司的国务卿乔治-舒尔茨，国防部长卡斯帕-温伯格，同一公司的总裁，等等。卡特总统曾试图维持和平，而里根则开始了一场好战的运动，这将为未来的美国政府奠定基调。

提到石油工业，约翰-D-洛克菲勒（1839-1937）的名字就会出现在人们面前。约翰-D-洛克菲勒和新泽西的标准石油公司已经成为美国帝国石油工业的代名词。

洛克菲勒和标准石油公司已经成为背叛、仇恨和贪婪的代名词。肆无忌惮的仇恨是约翰-D.的特点，他的儿子们努力维持这个传奇，而不是采取措施改善他们父亲留下的坏形象，尽管老约翰-D.是在俄亥俄州克利夫兰附近的一个农场里以严格的浸信会信仰长大的。在他成长的岁月里，他因特别爱吃甜食而闻名--购买糖果并卖给其他孩子，从中获利。

约翰-D.一直是个勤奋的人。他16岁时在一家杂货店当记账员，他的雇主对他的勤奋非常满意。事实证明，他的观察力很强，什么都能看到，什么都不会错过。即使在那个年纪，他也从未表达过任何情感。他逐渐成为克利夫兰一家贸易公司的唯一所有者，并在1870年创立了标准石油公司。

难能可贵的是，洛克菲勒的标准石油信托公司的崛起可以通过可认证的文件证据来验证，在某种意义上，这相当于外交政策史上的一个说明。几乎从1870年成立之初，洛克菲勒标准石油信托公司就因其有问题的交易而受到几个州立法机构和美国国会的攻击。

1872年和1876年，信托公司的领导人被拖到了国会委员会面前。宾夕法尼亚州联邦试图在1879年推翻该信托公司，

两年前它被迫出现在州际商业委员会。1882年，标准石油信托公司和俄亥俄州之间实际上存在着一种战争状态。麦金利总统任命了一个工业调查委员会，采集了19卷证词。一直以来，标准石油信托公司就像一块无法移动的石头一样屹立不倒。民事诉讼成倍增加，但无济于事。

在研究这本书的过程中，我惊奇地发现，全世界有数百万人讨厌洛克菲勒这个名字和这个家族的旗舰公司--标准石油。这种挥之不去的仇恨在2008年的今天，与洛克菲勒的   "大手"第一次出现在宾夕法尼亚州的油田时一样激烈。在1865年"黑金热"最盛的时候，涌入泰特斯维尔和皮特黑德的先驱钻探者的后裔中尤其如此。我感谢艾达-塔贝尔，她那本揭露约翰-D-洛克菲勒的   "开拓性努力"的优秀著作，是关于洛克菲勒家族首领的个人和性格的不竭的内部信息来源。

约翰-D毫不费力地剥夺钻探者和勘探者的特许权的能力，与塞西尔-约翰-罗兹在南非金伯利地区从辛勤工作的勘探者那里偷盗和抢劫钻石特许权的方法惊人地相似。两个人都是无情的，对他人的权利没有感情，两个人都从不表达情感。

如果说洛克菲勒和他的儿子们是自我推销者，他们所宣布的东西并不符合各地自由人的利益。纳尔逊-洛克菲勒曾经说过，他的家族的巨大财富是一个意外，但历史上的说法并非如此。

约翰-D.的**沉默寡言和不**诚实无疑传给了他的儿子们，就像他对保密的偏执和完全缺乏感情一样。巨头们从标准石油信托公司继承下来的保密妄想症，从这些公司在自己周围筑起的屏障中可见一斑，以阻止窥探的

"外人"。他们只将业务委托给石油工业银行，如摩根担保
、信托银行和300人委员会的大通曼哈顿银行，而他们的账
户和事务则被锁在普莱斯-
沃特豪斯公司的厚厚的墙后面，该公司是300人委员会的官
方会计师和审计师。

不止一个参议院委员会被这家大型会计师事务所编织的肮
脏的网络所纠缠。即使是政府所能召集的最好的调查员和
审计员也被普华永道的会计人员完全搞糊涂了。据说老约
翰-
D能够比今天的计算器算得更快，这是他在集市上计算他
的   "癌症疗法
"的价格时从他父亲那里学到的本事。事实上，"解药
"只是原油，直接来自油井，用小瓶子包装。

虽然生意不错，但约翰-
D.不得不逃命，因为警察想逮捕他，因为他与一个16岁的
女孩发生了强迫性关系。老约翰-
D不相信友谊，并警告他的儿子们远离他所谓的
"让良好的友谊影响你
"的做法。他还欺骗他的儿子们，正如他所说，"为了让他
们保持身材"。他最喜欢的一句话是聪明的老猫头鹰，他什
么都不说，却听到了很多。一张古老的画像显示，一个人
长着一张憔悴而阴险的脸，小眼睛没有一丝人类的情感。

他的工作是会计，这意味着他不会说太多话，但会把账目
整理好。更令人**惊**讶的是，这样一个面色凝重、沉默寡言
、毫无同情心的人竟然能说服克拉克兄弟炼油厂的克拉克
兄弟向他出售其炼油厂的股份，而他就在那里工作。

克拉克兄弟很快发现，他们让洛克菲勒进入他们的生意，
是一个可怕的错误。约翰-
D对数字和计算的反应很快，他能够使兄弟俩失去他们在
炼油厂的股份。他仍然声称他已经   "买断
"了他们，但克拉克人回答说他们被 "欺骗 "了。

一些作者将约翰-

D.对甩掉伙伴的癖好归因于他的遗产，而且他的父亲确实曾对他说过

"要像犹太人一样快"。虽然他声称有浸礼会的传统，并参加了浸礼会的教堂，但这不太可能是真的，因为他的父母来自东欧。约翰-

D.**不关心人**；**他践踏他**们，把对他不再有用的前合伙人赶走。他只**关心一个人**，**那就是他自己**。这就是标准石油公司成为美国最神秘的大公司的原因，EXXON公司也遵循这一传统。标准被描述为上了锁，有障碍物，像一个堡垒。约翰-

D.的品格被**玷**污了，他是如此普遍地被人厌恶，以至于他雇用了一个公共**关系人**员，试图在慷慨的免税 "慈善"捐款的**帮助**下，**擦亮他的形象。但是，尽管**据说是美国历史上第一个公关人员的艾维-李做出了最大的努力，约翰-

D.所赢得的仇恨的遗产却一直伴随着他，直到今天还与洛克菲勒的名字和EXXON联系在一起。

洛克菲勒的 "大手"毁掉了泰特斯维尔和皮特黑德的数十万钻探者、勘探者和租赁者。在大多数情况下，这些人是另一代的年轻人，他们认为自己可以解决价格波动的谜题--

这是洛克菲勒所不希望的。尽管泰特斯维尔和皮特海德周围的生活相当动荡，但从来没有怨恨，每个人都公平地对待彼此，也就是说，直到洛克菲勒对所有 "竞争对手 "举起 "大手"。

26岁时，由于成功窃取了克拉克兄弟的炼油厂，并且克利夫兰附近的石油城在他的控制之下，洛克菲勒开始寻求新的征服者。

他的儿子大卫-

洛克菲勒继承了父亲的冷静，并强加给自己。在其职业生涯的早期，大卫将家族的大部分 "离岸"资产转移到避税天堂，那里的银行保密制度几乎是不可侵

犯的。大卫-
洛克菲勒继续像政府中的政府一样管理石油工业，而且，由于**运气好**，**他**还买下了国际刑警组织，即全球警察和情报系统。

所有的大石油公司都与银行、矿业公司、铁路、航运公司、保险公司和投资公司有联系；在他们的业务过程中，他们交换信息，但正是通过他雇用的许多'间谍'，老约翰-D.和他的儿子们完全了解所有发生的事情。

其最有效的网络在规模和范围上不断扩大，如今没有一个国家能逃过洛克菲勒的情报网络，其规模和预算往往超过了官方情报部门。有许多工作要做。决不能有一天我们简单地扔下毛巾，说
"他们太大了，太强大了，一个人无法对他们做任何有价值的事情"。我们每个人都可以，而且必须做出努力。

逃税在老约翰-D-
洛克菲勒的名单上名列前茅，他的间谍们很快就能提供关于如何规避外国税法的最佳信息，通常是通过他们的
"个人"（受贿）来源。如果税法很严厉，洛克菲勒家族只是让人改变它们，以适应他们的逃税目的。正是这种植根于石油行业的细菌，造成了美国依赖进口外国石油的诅咒，并反过来将美国生产商送上了遗忘之路。

这也是美国成为帝国主义大国，寻求支配拥有已知和已证实的石油资源的国家的主要原因。这也使洛克菲勒家族在**另一个方面受益**--它消除了   "大公司"恶性循环之外的竞争对手，而不必像老约翰-D.早年那样经常使用炸药。

最终的结果是什么？当然，美国消费者的价格越来越高，而大石油公司的利润也在增加。EXXON（标准）赚取了，而且仍然在赚取巨额利润。例如，在1972年--
我们选择这一年是因为它是石油工业所获利润的平均（中位数）**年份**，**我**们没有拿一个孤立的年份来说明我们消费

者被石油工业严重剥削的观点--
EXXON在这一年赚了37000亿美元，但只交了6.5%的美国税。这对美国消费者公平吗？我们认为这不公平、不公正也不合理。

当被问及时，EXXON，乃至所有主要的石油公司，都会找一个无力的借口，说他们把大部分的利润再投资于石油勘探，但是当**你看一下**Exxon在一年中的利润，让我们以1972年为例。仅在第三季度，EXXON公司就获得了2500亿美元的利润，而且根本不清楚这些巨额利润中有多少被再投资于公司，也不清楚美国人民以任何方式受益。1973年是基辛格和洛克菲勒煽动的阿以战争的一年，鉴于我们现在对这一事件的了解，以及基辛格如何通过他与大卫-
洛克菲勒的密切**关系努力促成**这一事件，人们会认为国会早就调查了这一安排。自从基辛格和基辛格的得力助手赫尔穆特-索南费尔特在德国发现   "汉堡档案"后，基辛格和大卫-洛克菲勒就像连体婴儿一样。

出现的问题是这样的。埃克森公司是否知道阿以战争迫在眉睫，以及它从这一信息中获利多少？这种   "内部信息"本来是由洛克菲勒在世界各地的情报人员组成的私人军队提供的，由位于EXXON纽约总部的石油工业总部控制，该总部被称为物流、信息和通信系统。

国际刑警组织并不是洛克菲勒家族的最不重要的情报资产。它在华盛顿特区的联邦政府财产上非法运作，完全无视美国宪法，违反了国家的最高法律--
我们的宪法和权利法案。国际刑警组织不应该在美国开展活动，但国会却害怕对付像洛克菲勒家族这样大而强的怪物。这是一个令人不安的情况，但没有得到解决，这不禁让人怀疑，是否为了让国际刑警组织留在华盛顿而换钱？

国会需要一个调查委员会来审查嵌入中情局的所谓
"银行家派系"。这些类型的行动非法影响了我们的外交政策，常常影**响到我**们的日常生活，当这些组织和团体想要发动战争时，他们就会派我们的儿女去战斗。布什的海湾战争是一个非常好的例子，说明正在发生什么。洛克菲勒王朝是帝国石油政策集团的骨干。约翰-D-洛克菲勒在麦子中播下的杂草已经成熟，现在正在扼杀麦子，即这个曾经伟大国家的人民的生命。老约翰-D.在其职业生涯的早期迅速了解了间谍业务的价值，他在这方面得到了查尔斯-普拉特的指导，他的第一个合伙人之一。目前管理美国的高层平行秘密政府--对外关系委员会（CFR），就是普拉特的主意。

纽约的普拉特大厦后来成为CFR的总部，这并不是偶然。约翰-D.的存在变得如此无处不在，他无情的方法如此令人钦佩，以至于从EXXON开始，这些方法被所有的大公司广泛采用，以至于今天美国的石油工业能够对世界上所有的政府，包括美国的政府发号施令。

有充分的证据表明，在国外经营的大石油公司支配和指导美国的外交政策，而且这些公司已经联合起来，在我们美国政府内部形成了一个事实上的政府。埃克森公司是这场帝国主义控制所有石油资源的攻击中无可争议的领导者，在伊朗更是如此。

第十章

Mossadegh博士与**卡特**尔斗争

从1950年起，美国和英国的**盎格鲁**-
波斯石油公司在第一次世界大战后对伊朗的石油进行了扼制，在此期间，"盟国
"的行为充满了麻烦的味道。在战争期间，以最脆弱的理由入侵和占领伊朗的行为需要得到更仔细的审查。在 "盟军
"进入伊朗后不久，伊朗国王被迫退位，让位于他的儿子穆罕默德-礼萨-
帕赫莱维，后者对伊朗财团、伊拉克石油公司和ARAMCO强加的指令更加同情。英国和所谓的 "基督教
"美国历史上最可耻的事件之一，就是在此期间成千上万的伊朗人被饿死。

由10万名俄罗斯士兵（应温斯顿-
丘吉尔的邀请出席）和7万名美国和英国士兵组成的盟军占领军没有采取任何措施来阻止占领军征用粮食，损害了正在饿死的伊朗人的利益。伤寒病蔓延，又有数千人死亡，而美国和英国军队却袖手旁观。那些没有死于饥饿或疾病的人在寒冷的冬天被冻死，因为人们无法获得燃料油。

占领者正在努力制造和维持该国不同派别之间的冲突，并压迫和完全镇压伊朗政府。伊朗政府仍然认为美国是一个对人道主义考虑敏感的基督教国家，因此向华盛顿发出了绝望的呼吁，希望得到帮助。1942年，华盛顿派诺曼-
施瓦茨科夫（M. Norman
Schwarzkopf）将军前往伊朗报告情况。(1991年，他的儿子

作为   "沙漠风暴
"的指挥官被派往对伊拉克发动战争）。他在伊朗一直呆到
1948年，主要是为了获得关于伊朗如何管理其各个政府部
门和情报部门的第一手资料。施瓦兹科普夫的任务远不是
帮助伊朗人，而是尽可能多地获取有关伊朗基础设施的信
息，以供将来使用，这就是推翻伊朗国王运动发起时的情
况。在伊朗人民遭受剥夺的这些年里，没有人向他们伸出
过手，但在1944年12月，一位名叫穆罕默德-
摩萨台的精明、受过良好教育、经验丰富的政治家在议会
提出了一项法案，禁止与外国进行任何石油谈判，这结束
了美国、英国和俄罗斯对伊朗石油令人震惊的盗窃行为。

摩萨台出生于1882年5月19日，父亲是巴赫蒂亚里的财政部
长，母亲是古雅里的公主，他在巴黎学习科学，并在瑞士
著名的纳沙泰尔大学获得了博士学位。摩萨台博士于1920
年进入政界，当时他被谢赫-艾哈迈德-沙阿-
卡贾尔任命为法尔斯省总督，并被沙阿授予   "摩萨台os-
Saltanch
"称号。他在1921年被任命为财政部长，然后当选为伊朗议
会议员，在议会中他投票反对选择礼萨-汗为礼萨-沙-
巴列维。1944年，摩萨台再次被任命为议会议员，他作为
伊朗民族阵线的成员参加竞选，这是一个非常爱国的民族
主义运动，他是该运动的创始人。该组织的目标是在第二
次世界大战后结束所有外国在伊朗的存在，并停止对伊朗
石油的**开采**。为了获得对他的提高伊朗石油价格法案的支
持，摩萨台透露了占领国提出的将伊朗瓜分的建议，并引
用了《*泰晤士报*》1944年11月2日的一篇文章，倾向于证实
他的**启示**。

随之而来的是一场激烈的斗争，1948年将此事提交给了联
合国，并导致了一场斗争，结果是所有外国军队撤出了该
国。伊朗犯了一个严重的错误，那就是为了伊朗的国家利
益而凌驾于英国的利益之上。摩萨台现在将成为公敌，塔
维斯托克研究所制定了一项计划，以破坏他并将他赶下台

。美国-英国-俄罗斯对伊朗的占领即将结束，但仍有英国-伊朗石油公司（主要是英国人）控制着伊朗的石油，并从1919年**开始管理伊朗政府**。1947年，摩萨台博士向伦敦提出建议，要求增加伊朗的石油销售收入份额。1948年，英伊石油公司的利润为320,000,000美元，其中伊朗人得到的利润高达38,000,000美元。Mossadegh博士要求重新谈判旧协议的条款。紧接着，在塔维斯托克研究所和英国广播公司的策**划下**，对他进行了最恶毒的攻击，该公司不断播放针对摩萨台和伊朗政府的宣传和赤裸裸的谎言。这场运动得到了中央情报局和美国的怀瑟将军的帮助和支持。在摩萨台**两年任期**结束前的两个月，英国和美国的情报人员已经尽其所能，通过在摩萨台的每一次行动中设置一系列障碍，来消除他的眼中钉。

英国和美国的**卡特**尔并不习惯于反对，他们在中央情报局以及在较小程度上在军情六处的监视下，轻易地在科威特、沙特阿拉伯、**卡塔尔**、阿拉伯联合酋长国、巴林和阿曼建立了傀儡政府。这让我想起了东印度公司（300人委员会的前身）和七姐妹石油**卡特**尔之间惊人的相似之处。东印度公司在伊丽莎白一世时期于1600年获得特许状，之后又从斯图亚特国王查理二世那里获得了第二份特许状，赋予它与所有国家进行战争、和平和贸易的权利。1662年，斯图亚特国王詹姆斯一世授权该公司成为一家有限公司。石油工业虽然没有那么正规，但也有类似的结构。在整个1948年，英国人一直**拖着脚步，没有得到**伦敦的任何让步。与此同时，英国和美国的情报机构在施瓦兹科夫将军的情报**帮助下，在伊朗官兵中散布不满情绪**，以削弱政府，为1949年的全国选举做准备。由摩萨台博士领导的小规模民族阵线在参加选举时，英国人和美国人认为赢得席位的机会很小，但他们却出乎意料地赢得了六个席位和一个议会席位。**更糟糕的是，他们**的敌人被任命为一个调查英国和美国之间石油交易的议会委员会的负责人。摩萨台立即要求英伊石油公司和伊朗政府平分，并由伊朗人全面参与公司事务。

在美国的支持下，英国人拒绝了所有建议，这使伊朗陷入混乱，直到1951年4月，摩萨台博士被民主选举为总理并被邀请组建政府。诽谤性的指控纷至沓来，其中最主要的是说摩萨台是一个共产主义者，意图为俄国获得伊朗的石油。英国报纸除其他外，称他为

"狡猾的疯子"。当然，这些无端的指责没有任何事实根据。摩萨台博士是一位真正的伊朗爱国者，他不为自己谋求什么，**他的唯一目**标是使伊朗人民摆脱英国-伊朗石油公司，即后来的英国石油公司（BP）的贪婪控制。伊朗议会投票接受了摩萨台博士的建议，将英伊石油公司国有化，并对多年来剥削伊朗人民的英国给予公平的补偿。该提议包括与英国在此之前享有的相同水平的石油供应，并且在伊朗石油行业工作的英国国民将保留其工作。1951年4月28日，这个对英国绝对公平的建议被正式批准。

英国的反应是向美国寻求帮助，并向世界上最大的炼油厂所在的阿巴丹附近水域派遣军舰。1951年9月，无权干涉伊朗内政的英国和美国宣布对伊朗实施全面经济制裁，其军舰封锁了阿巴丹附近的水域。通过这些战争行为，美国向英国保证其作为一个帝国大国对另一个帝国大国的全力支持，并以中央情报局引起的混乱为后盾。

鉴于英国过去的帝国战争和最近的美国，以及英国政府（温莎家族）持有英伊公司53%的股**份**，这并不意外。随着海军部队的到来，下一个威胁是用英国伞兵占领阿巴丹，尽管根据国际法，伊朗完全有权利采取伊朗政府提出并被伊朗议会接受的措施。对苏联与伊朗并肩作战的恐惧可能使英国和美国无法行使军事选择权。通过泰迪-罗斯福的孙子克米特-罗斯福，中央情报局在国内非常活跃，渗透到许多主要的银行和经济机构中。伊朗石油的买家被粗暴地威胁要进行报复，并受到惊吓。这就是世界上有史以来最暴虐的两个国家的行为方式。抵制的影响使伊朗的经济陷入了困境，石油收入从1951年的4000万美元下降到1952年初的不到200

万美元。摩萨台和伊朗国王穆罕默德-礼萨-
巴列维一样，不知道美国石油卡特尔和英国石油公司的力
量和影**响**。**摩**萨台出身于富裕家庭，是一位有天赋和才华
的政治家，但他被世界描绘成一个穿着睡衣在德黑兰奔跑
的愚蠢的小人物，被情绪所征服。美国和英国的建制派媒
体，在塔维斯托克控制的节目中，系统地诋毁和嘲笑摩萨
台，他唯一的罪行是试图打破巨头们对伊朗石油的控制，
并敢于挑战他们的帝国主义石油政策。

1953年，摩萨台博士前往华盛顿寻求帮助，但未获成功。
相反，他受到了艾森豪威尔总统的阻挠，艾森豪威尔总统
建议由W.Averill　　　　　Harriman带队前往德黑兰
"向他报告情况"。哈里曼的团队包括中央情报局的艾伦-
杜勒斯和约翰-福斯特-杜勒斯，国务卿和　　　　"300人
"的长期服务者，以及施瓦茨科夫将军。

1951年，以　　　　　　　　　　　　"AJAX
"为代号计划了一次推翻摩萨台政府的联合行动，并得到了
艾森豪威尔总统的批准。我们必须在这里停下来，指出伊
朗从未做过任何对不起美国的事情，现在却得到了堪比黑
手党中最恶劣的犯罪分子的奖励。与此同时，英国将其肮
脏的案件提交给世界法院进行仲裁。在法国和瑞士接受教
育的摩萨台博士代表他的国家并成功地进行了辩护，世界
法院对英国作出了裁决。这并不是英国人第一次试图搞垮
伊朗政府。温斯顿-
丘吉尔是一个臭名昭著的帝国主义者，就像他无情的前任
阿尔弗雷德-
米尔纳勋爵一样，他放逐了在英波战争（1899-
1902）中英勇抗英的可敬的布尔人领导人。丘吉尔下令逮
捕礼萨-
沙阿并将其流放，先是流放到毛里求斯，然后又流放到南
非，在流放中死去。

温斯顿-
丘吉尔的罪过是非常多的。布尔人对罗斯柴尔德寡头发动

了一场了不起的运动，决心夺取南非德兰士瓦共和国和奥兰治自由邦共和国土壤下的黄金和钻石。当英国人的损失**达到不可接受的程度**时，米尔纳采取了焚烧布尔人农场、宰杀牲畜并将布尔人妇女和儿童送往集中营的做法，在那里有27000人死于痢疾和营养不良。保罗-

克吕格总统被流放到瑞士，在那里去世。所以很容易理解丘吉尔在侵犯伊朗时缺乏顾忌。有很多先例可以支持他的行动。丘吉尔决心为英国的需要确保伊拉克的石油，然后发表了他的一次宏大的、风趣的、热气腾腾的宣言式公共**关系演**讲，这将使他出名。

> 我们（即大石油公司，包括与英国政府合作的英国石油公司）推翻了一个流亡的独裁者，建立了一个致力于一系列严肃改革和赔偿的宪法政府。

英国独裁者的这种虚伪和公然的谎言是难以比拟的，他污蔑礼萨-

沙阿敢于保卫自己的国家不受英国侵略，但鉴于丘吉尔身上的巨大光环，他的名字将成为历史上伟大骗子的代名词，他得以逃脱。就像在美国一样，英国石油公司能够让英国的合法政府遵守其要求，无论这些行动是否合法。大国对外交政策的篡夺有增无减，自威尔逊总统以来，每一位美国总统都是这条盘踞的眼镜蛇的仆人。这是美帝国主义决心夺取世界上所有油田的开始。摩萨台博士没有被国际上的嘲笑所**吓倒，在世界法院的**胜利之后，他继续执行他的计划，将伊朗的石油国有化。

据报道，洛克菲勒对摩萨台个人深恶痛绝，并与其他主要石油公司紧密合作，实施石油抵制行动。

当一艘符合国际法和商业标准的运载伊朗石油的油轮"罗斯玛丽"号试图绕过封锁时，丘吉尔命令皇家空军飞机攻击它，迫使它在英国的保护国亚丁停靠。绝对没有任何法律可以证明英国的行动是合理的，丘吉尔再次表明，他是一个不尊重国际法的帝国主义大国的领导人。这种公然的海盗行为得到了七姐妹和美国国务院的全力支持。

一位在伦敦负责监督世界各地石油公司的同事说，议会在阻止丘吉尔命令皇家空军轰炸伊朗方面有很大困难。一年过去了，在这一年里，伊朗人民因失去石油收入而遭受了巨大的损失。1955年，摩萨台总理写信给艾森豪威尔总统，请求帮助他的国家与石油工业的斗争。艾森豪威尔始终是CFR的傀儡，故意让伊朗领导人等待回应。这种有计划的策略取得了预期的效果，使摩萨台博士感到害怕。最后，当艾森豪威尔作出回应时，他告诉伊朗政府，它必须履行其

"国际义务"，并将石油业务移交给荷兰皇家壳牌石油公司！他说："这是我的责任。艾森豪威尔援引的　"国际义务"从未具体说明。

这应该告诉我们一些关于石油工业和帝国主义美国的秘密平行CFR政府的权力。然而，我们仍然敢于认为我们的政府是可敬的，我们是一个自由的民族。为了证明这一点，美国派为中央情报局工作的克米特-罗斯福到伊朗挑起事端，在人民中煽动动乱。根据1600年授予东印度公司的宪章，允许其制定外交政策并对各国发动战争，东印度公司的继承人--300人委员会通过利用国际货币基金组织（IMF）和世界银行等组织为罗斯福的肮脏工作提供资金，为中央情报局进行掩盖，从而使他不能与美国直接联系。

在中央情报局内部银行家派系的授意下，沙赫被告知，如果他撤掉摩萨台，那将是一件好事，这样就可以恢复与英国和美国的

"正常**关系**"。在伊朗政府内部保皇派分子的**帮助下**，**克米特-**罗斯福发动了一场政变，迫使摩萨台博士被捕，他的影响力已经被英美帝国主义两年来的公开经济战所削弱。随后，中央情报局支持年轻的礼萨-沙阿-**帕赫莱**维并使其上台，经济制裁也被取消。石油公司的政

策再次导致英国和美国政府对一个没有对他们造成伤害的主权国家采取了战争行动。他们已经战胜了伊朗的民族主义。这是一个重复，几乎是英布战争事件的一个碳拷贝。

随后，伊朗国王试图赶走摩萨台，但没有成功，但罗斯福、中央情报局和国务院随后装备了一支革命队伍，并派它去与伊朗军队作战。由于害怕被暗杀，沙赫逃离了这个国家，而美国中央情报局领导的政变成功了。摩萨台被推翻并被软禁，他的余生都在那里度过。

沙赫被允许返回伊朗，并被告知只要他服从帝国的主子，他就安全了。1970年，美国纳税人在这一非法冒险中付出的代价超过10亿美元。唯一从这种暗中的背叛中受益的一方是七姐妹石油**卡特**尔及其受雇的傀儡，他们使这一切成为可能。

尽管他当时并不知道，沙赫将遭受与摩萨台同样的命运，而且是在由石油公司、英国和美国政府官员以及中央情报局组成的同一个帝国主义集团手中。此后，其他国家也遭受了政府中石油**卡特**尔的鞭打。

第十一章

恩里科-马蒂处理七姐妹卡特尔的问题

意大利就是这样一个国家。由于第二次世界大战和对其领土的入侵而陷入瘫痪，意大利几乎成了一片废墟。一些国有公司已经成立，包括由Enrico Mattei领导的Alienda Generale Italiana Petroli "AGIP"，他被命令解散该公司。但作为第一个承认由七姐妹（Sette Sorelle）管理的石油独裁政权存在的人，马蒂与卡特尔发生了**公开冲突。他没有关**闭AGIP，而是对其进行了改革和加强，将其名称改为Ente Nazionale Idrocarburi, ENI。马特伊制定了一项石油勘探计划，并与苏联签订了合同，使意大利摆脱了七姐妹的束缚，令后者十分懊恼的是，马特伊开始取得成功。

恩里克-马蒂，生于1906年4月29日，是意大利军团carabiniere的儿子，有警察职责。24岁时，他去了米兰，在那里他加入了游击队。1945年，游击队的政治委员会任命他为国家石油公司AGIP的负责人，并下令关闭该公司。但马特伊选择无视这一命令，反而将其扩大，成为战后意大利最显著的经济成就之一。

1953年，马泰成立了第二家能源公司，名为ENI，与埃及进行了成功的交易，到1961年，从埃及进口了250万**吨原油**。1957年，马蒂通过直接与伊朗国王接触，大胆地攻击了伊朗的原油垄断。他成功了，根据马蒂和伊朗国王商定的

条款，伊朗国家石油公司和埃尼公司之间达成了合作关系，其中75%归伊朗，25%归埃尼公司，并给予埃尼公司的姐妹公司--
伊朗意大利石油公司（SIRIP）25年的独家租赁权，以勘探和钻探8800平方英里的已知石油区。

马蒂在与突尼斯和摩洛哥以平等的伙伴关系达成石油交易时，让七姐妹感到惊讶。在与中国和伊朗达成协议后，马蒂宣布美国的石油垄断已经成为过去。英国和美国的反应是迅速的。一个代表团会见了国王，强烈抗议马蒂的合同。但该代表团的意见虽然被注意到，但没有任何效果。1957年8月，马蒂签署了一份合同，使意大利的外来者进入伊朗。这位意大利实业家表明了他的观点。从现在开始，他将试图通过在整个中东地区建设大型基础设施，使中东成为工业化欧洲的一部分。

马泰是我们今天所说的
"鼓动者"，在合同签署仅四年后，第一艘ENI油轮装载着18,000吨伊朗原油抵达巴里港。在成功的基础上，马蒂前往非洲和亚洲拥有石油储备的国家缔结了类似的交易。

最让英国和美国的石油卡特尔不高兴的事情之一是ENI提出在有石油矿藏的国家建立炼油厂，由当地人拥有，使他们成为完全的合作伙伴。ENI的交换条件是独家工程和技术援助合同，以及ENI在全球销售原油和成品的独家权利。

从伦敦和纽约观看，七姐妹对入侵者ENI的成功感到惊奇和愤怒。

事情在1960年10月出现了转机，当时马泰去莫斯科与俄罗斯政府会面，讨论双方的石油利益。如果说七姐妹之前已经被惊呆了，那么俄罗斯外贸部长帕托利切夫和马泰之间的讨论所得出的结果让他们目瞪口呆，并敲响了跨大西洋的警钟。1956年10月11日，意大利国家石油公司与莫斯科签署了一项协议，规定如下："石油卡特尔最担心的事情已经实现了。

- 作为未来五年每年保证交付240万**吨俄**罗斯石油的交换条件，ENI获得了俄罗斯石油在欧洲市场上的份额大大增加。

- 对石油的支付不是以现金而是以实物的形式，即保证交付大口径石油管道，这些管道将用于建立一个巨大的管道网络，将俄罗斯的石油从伏尔加-乌拉尔输送到东欧。

- 一旦完成，该合同规定每年用15**吨原油交**换各种食品、制成品和服务。

- 大口径管道将由芬西德集团在意大利政府的监督下在塔兰托建造，并以每年200万**吨的速度运往俄**罗斯。(该工厂以创纪录的时间建成，早在1962年9月就**开始生**产管道，这是一个惊人的成就）。

俄罗斯的交易对马泰来说是一个重大胜利，因为现在意大利可以在黑海港口的船上以**每桶**1美元的价格购买俄罗斯原油，相比之下，**每桶**1.59美元加上科威特的0.69美元**运费**，以及标准石油的每桶2.75美元。正如以前多次发生的那样，当七姐妹的垄断所面临的威胁无法通过公平手段避免时，就采用了不道德的手段。

1962年初，马蒂的飞机遭到破坏。然而，在造成任何损害之前，对飞机的干扰被发现，怀疑落在了中情局身上。但马蒂第二次不走运了，1962年10月27日，在从西西里岛飞往米兰的航班上，他的飞机坠毁在伦巴第的巴斯克小村。飞行员伊内里奥-贝尔图齐、一位名叫威廉-麦克黑尔的美国记者和马特伊被杀。关于犯规的传言甚嚣尘上，但由于事故的调查由国防部长朱利奥-安德烈奥蒂负责，他以同情大石油公司，特别是同情美国而闻名，因此官方调查进展缓慢。

2001年，伯纳德-普莱辛格和**卡鲁斯**-

布雷登布洛克播放了一部电视纪录片，他们声称马特伊坠机现场的证据被立即销毁。飞行仪器在酸浴中被融化。纪录片播出后，马蒂和贝尔图齐的尸体被挖掘出来。机上爆炸造成的金属碎片被发现插在两人的骨头上。普遍但非官方的判断是，马特伊的飞机上被放置了一枚炸弹，当起落架在 "下降 "位置启动时，炸弹应该会发生爆炸。

尽管从未得到证实，但最有力的旁证和其他证据都直接指向中央情报局，特别是当时中央情报局驻罗马的站长托马斯-

卡拉梅辛斯，他于1962年10月17日，即马特伊在伦巴第坠机的当天突然离开办公室，再未回来。没有人对他的突然离开作出解释。中情局的报告从未公开，至今仍是 "为国家安全利益 "的机密。所有的信息自由请求都被拒绝了。

这个   "未解之谜 "有一个后记。在飞机坠毁并结束他的生命时，马特伊正准备会见美国总统约翰-F-肯尼迪。他们议程上的优先事项之一是石油卡特尔，众所周知，肯尼迪不信任并暗地里不喜欢石油卡特尔，尤其是因为它与中情局的关系密切，而中情局长期以来一直困扰着他。在肯尼迪的内部圈子里，众所周知，肯尼迪将中情局视为美国国家的毒瘤；肯尼迪认为，如果美国政府有一天被政变推翻，那么它将由中情局领导。

仅仅一年后，肯尼迪就成了同样的美国情报部门阴谋家的受害者。再加上恩里科-马蒂的故事，以美国和英国石油利益的名义对墨西哥进行的残酷强奸，以及对伊朗和伊拉克造成的无数伤害，你就拥有了玷污石油公司历史的最悲惨的贪婪、贪婪和权力欲的故事。石油公司掌握的权力超越了所有政府和国界；它推翻了政府，削弱了国家领导人的力量，甚至谋杀了他们。它已经花费了美国纳税人数十亿美元，而且还没有看到尽头。

石油，似乎是新的世界经济秩序的基础，权力掌握在石油公司以外几乎不为人所知的少数人手中。约翰-D-洛克菲勒很快看到了利润和权力的潜力，并抓住了这个机会。这使他能够掌握巨大的个人权力，即使这种权力是以成千上万的小石油公司和成千上万的生命为代价取得的。

我们已经多次提到了七姐妹。对于那些不熟悉这个集团的人来说，他们是英国和美国的七家主要石油公司，负责制定这两个国家的外交政策。组成卡特尔的石油公司实际上是在美国最高法院对标准石油公司进行所谓的 "解体"后**开始的。是恩里克**-马蒂创造了 "七姐妹"这个名字。在2008年仍然可以感受到他们的强大影响。

纽约标准石油公司与真空石油公司合并，成为Socony真空公司，后者在1966年成为美孚石油公司，而印第安纳标准石油公司加入了内布拉斯加标准石油公司和堪萨斯标准石油公司，并在1985年成为AMOCO。1972年，新泽西标准石油公司成为EXXON。

1984年，加利福尼亚标准石油公司加入了肯塔基标准石油公司，成为雪佛龙公司，然后收购了梅隆拥有的海湾石油公司。俄亥俄州标准石油公司被英国石油公司收购。1990年，英国石油公司收购了原标准印第安纳公司，成为BP-AMOCO。1999年，EXXON和Mobil在一项750亿美元的交易中合并，成立了EXXON-Mobil。2000年，雪佛龙与德士古合并，成为雪佛龙-德士古。

EXXON（在欧洲被称为ESSO）、**壳牌、英国石油公司、**海湾石油公司、德士古、美孚和雪佛龙是由银行、经纪公司、情报机构、采矿、炼油、航空航天、银行和石化公司组成的全球产业链的一部分，这些公司共同构成了300人委员会的骨干力量，其成员也被称为"奥林匹克"。他们控制着原油生产、炼油厂和航运，除了俄罗斯和现在的委内瑞拉。据估计，石油卡特尔所获利润

的75%来自   "下游
"业务，如炼油、储存、航运、塑料、石化等。

卡特尔拥有和控制的世界第二大炼油厂位于新加坡的布科姆岛和裕廊岛。壳牌拥有世界上最大的炼油厂综合体，位于阿鲁巴岛。这一大规模设施的建设，突出了委内瑞拉原油的重要性。在阿鲁巴也有一个非常大的美孚炼油厂。

1991年，据估计，EXXON公司60%的利润来自所谓的
"下游   "业务。1990年，EXXON收购了Allied
Signal的塑料部门，同时与孟山都和陶氏化学在热塑性塑料和弹性体领域达成了协议。主要的汽油零售商是EXXON和
Chevron-
Texaco。荷兰皇家壳牌公司的油轮数量最多，其船队中有1
14艘。该公司在全球拥有133,000名员工。壳牌的资产估计
为2000亿美元。

另一个   "下游   "利润生产者是EXXON
Mobil，它生产的机油、传动油和润滑油脂比其他任何
"大公司
"都多。它在全世界200多个国家**运作，并在阿拉斯加附近**
的波弗特海   "单独
"工作。它在也门、阿曼和乍得拥有大片土地，据说总面积超过2000万英亩。与以往一样，这项投资是关于石油供应的未来。埃克森公司将其炼油秘密作为国家机密，事实上，大部分炼油工作的所在地巴林由美国海军第五舰队的军舰把守。甚至沙特阿拉伯也没有机会接触到这种秘密。在现有的500多个炼油厂中，只有16个在波斯湾国家。

第十二章

荷兰皇家壳牌公司

到目前为止，300个委员会中最大的旗舰石油公司是源自英荷的荷兰皇家壳牌公司（Het Koninklijke Nederlandse Shell）。它是世界上最大的能源公司之一，是300人委员会的一个旗舰公司。大股东是荷兰的温莎家族和奥兰治家族。据报道，只有一万四千名股东，伊丽莎白女王（代表温莎家族）、朱莉安娜女王（代表奥兰治家族）和维克多-罗斯柴尔德爵士是最大的股东。据我们所知，没有董事，但首席执行官是Jeroen van der Veer，主席是Jorma Ollila，都是荷兰商人。

该公司的核心业务是石油和天然气的勘探、运输和销售，并在石油化工领域有很大的影响力。2005年，其年收入为3 060亿美元，是世界上第三大公司。自1901年威廉-诺克斯-**达西**获得在伊朗勘探石油的特许权以来，该公司已经走过了漫长的道路。

与联邦储备银行一样，没有人真正知道谁是壳牌的最大股东。1972年，美国参议院做了一次尝试，迫使该公司披露其30个最大股东的名单。该调查由参议员李-梅特**卡夫**负责，但他的请求被断然拒绝。消息称：不要试图干涉300人委员会的工作。精英主义的新世界秩序--一个通过发现石油及其用途而崛起的世界政府，不容忍任何人的干**涉**，无论是政府、领导人、酋长还是公民个人、大小国家的元首。世界早已意识到，七姐妹卡特尔将石油牢牢控制在其贪婪的手中，并继续控制着全世界的原油供应和需求。

超国家的石油巨头，其专业知识和会计方法让世界政府、征税人和会计师中最优秀的人都感到困惑，这让七姐妹超出了普通政府的控制。七姐妹的历史表明，只要这些强盗进入国家阵营，政府就会随时准备将其主权和自然资源分割出去。约翰-D-会全心全意地赞同这个封闭的商店、国际俱乐部、其秘密交易和国际阴谋，而美国公众至今对这些都一无所知。

在他们位于纽约、伦敦和苏黎世的秘密巢穴中，这些无所不能的领导人会面，策划和规划世界各地的战争。2008年，他们的力量比19世纪开始活动以来的任何时候都要大得多。同样是 "300人委员会"的成员，他们中的大多数人也是光照派的成员，这些古老而著名的令人难以置信的富裕家庭陶醉于他们的权力。他们是决定哪些政府应该消失，哪些政治领导人应该倒台的人。

当真正的问题敲开他们的秘密大门时--比如摩萨台博士对伊朗石油的国有化--他们总是准备进行报复，"消灭"捣乱者，如果他们不能被收买的话。当摩萨台危机爆发时，就需要在动乱的国家中吸引合适的政党，显示他们的力量，**吓退那些不能被收**买的人。召集陆军、海军、空军和政府官员来除掉害虫就足够了。这并不比拍打苍蝇更困难。七姐妹成为政府中的政府，沿着东印度公司的路线，在很长一段时间内没有人试图推翻他们。

如果想知道英国的阿拉伯政策，只需咨询英国石油公司和**壳牌公司。如果你想知道美国在中**东的政策，同样，你只需查一下EXXON、ARAMCO、Mobil等。ARAMCO已经成为美国对沙特阿拉伯政策的代名词。的确，谁能想到新泽西的标准石油公司有一天会掌管国务院？有谁能想象其他公司或集团能享受到价值数十亿美元的巨额特别减税？

有没有一个群体像石油工业卡特尔的成员那样受宠？

我经常被问到，为什么曾经充满希望并保证加油站持续提供廉价汽油的美国石油工业会如此衰落，为什么汽油价格的上涨与总体供求不成比例。答案是石油卡特尔 "七姐妹"的贪婪。没有任何组织或公司能比得上七姐妹的贪婪。

其中一个集团，EXXON，即使在2008年第一季度取得了84亿美元的创纪录利润，也要求并得到了更大的优惠和减税。没有一分钱以降低汽油价格的形式转嫁给消费者。

美国人民是否从美孚、EXXON和海湾石油公司的暴利中受益？没有这方面的证据。由于华盛顿的操纵，由于第17条修正案，参议员和众议员现在可以被买卖，石油公司从来没有把他们的暴利重新用于降低国内市场的天然气价格，也没有用于勘探和钻探美国大陆的石油。这不是一个漂亮的故事，国会应该受到谴责。

第17条修正案修改了第1条的第3和第4款，这涉及到各州人民不能再选择他们的参议员的事实。这意味着参议员是通过投票选举产生的，而且由于有可能滥用竞选捐款，这就**打开了一个潘多拉的盒子。**

我们，人民，也应该为允许这种状况继续下去而受到责备。美国消费者不断面临着汽油价格的上涨，而七姐妹的库房却越来越大，石油工业从事价格欺诈和各种形式的欺骗来欺骗美国人民，而美国人民则躺在地上，让石油工业碾压他们。无论你从哪方面看--
一些辩护士试图通过比较美国和欧洲的汽油价格来混淆视听（这种比较是无效的）--
你只能得出结论，石油工业从未偏离老约翰-D-
洛克菲勒的原则和戒律。当时和现在，它都是一种自身的规律。贪婪和利益激励并支配着老约翰-
D.的生活，自他的全盛时期以来，几乎没有什么变化。在阿鲁巴和巴林等地   "上游"赚取的利润被挡在了美国消费者之外。

约翰-D建议他的儿子们永远不要和别人交朋友或"交心"，从而使有抱负的独立人士无法进入石油行业。然而，当他看到一个优势时，他毫不犹豫地打破了他的"无友谊"规则。

例如，他对开辟佛罗里达州的铁路巨头亨利-弗拉格勒很有好感。作为一个天生的商人，约翰-D很早就意识到，他进入石油行业的切入点是成品的提炼和分销。他与弗拉格勒的友谊就是为了这个目的，以确保对炼油和分销的控制，他将赢得胜利。秘密地，到了偏执的地**步**，约翰-D与弗拉格勒**达成了一**项秘密协议，即对他的公司给予特殊的**运输**折扣。通过这种方式，洛克菲勒能够减少"竞争"，使他的几个对手破产。

自由企业 "不是约翰-D所**关心的，他更不关心那些被他的不公平做法**毁掉的人。洛克菲勒的信条是对他的对手完全无情。保密是他的另一个原则，他一生都遵循这两个"指南"。仅仅用了7年的无情做法就消灭了大多数竞争者，使约翰-D.创建了加利福尼亚标准石油公司。

到1870年，标准公司控制了美国石油市场的10%，这是一个令人吃**惊的成就。通**过选择追随洛克菲勒狡猾的经营方式，铁路公司有效地出卖了公众，将自己置于约翰-D-中央协会的口袋里。中央协会控制着铁路费率，其他加入的石油公司必须支付最高价格才能进入，但他们在铁路费率上得到了折扣。那些不想玩游戏的人就去了墙边。

作家/教师/记者艾达-塔贝尔的《标准石油公司的历史》一书，简明扼要地介绍了约翰-D所采用的**极其可疑的策略，正是他的基本行**为为他赢得了大多数独立人士的仇恨和敌意，这种仇恨是标准石油公司能够扫除和忽视的，因为到1970年，约翰-

D已经在欧洲为其石油产品建立了市场，占到标准公司业务的70%，令人吃惊。拥有实际的垄断权意味着公众的意见没有什么用处。

为了消灭他的对手，洛克菲勒建立了一支私人间谍军队，其数量--更不用说能力--远远超过了标准公司所在国家的政府所能调动的一切。情报界有这样的说法："连一只麻雀打喷嚏都要让约翰-D-知道"。虽然他应该是一个严格的浸礼会教徒，但这是对《圣经》的模仿，《圣经》中写道，没有一只麻雀不被上帝看到而落地，是为了嘲弄《圣经》，而约翰-D-喜欢这样做。

但洛克菲勒在北美大陆向外国市场进军的步伐并没有被忽视，尽管约翰-D.的方法很隐蔽。劳埃德，有一个公司，显然凌驾于地方、州和联邦政府以及美国法律之上，这个公司'宣布和平，谈判战争，将法院、立法机构和主权国家降低到任何政府机构都无法遏制的水平'。数以千计的愤怒信件涌入参议院，导致《谢尔曼反托拉斯法》的颁布。但其条款非常模糊（可能是故意的），因此很容易避免遵守，特别是像约翰-D这样的滑头客户，很快就发现约翰-D在美国参议院拥有巨大的影响力。谢尔曼反托拉斯法》最终被证明不过是一种公共关系活动，充满了规则，但没有权力。最后，事情在1907年发生了变化，在弗兰克-凯洛格律师提起的美国司法部诉讼中援引了该法律。

在审判期间，洛克菲勒以他的公共精神站了出来，将自己描述为人类，特别是美国公民的恩人。当凯洛格催促他解释他的许多不规则交易时，约翰-D回答说他'不记得了'。

1911年5月11日，首席法官怀特作出决定：标准公司必须在六个月内摆脱其所有子公司。洛克菲勒像往常一样，雇佣了一支名副其实的律师和记者大军来解释，石油业务不能像其他公司一样经营。简而言之，必须以洛克菲勒的方式将其作为一个特殊实体对待。

为了减轻怀特法官判决的影响，洛克菲勒建立了一个受英国和欧洲皇室法院**启**发的赞助系统，再加上慈善基金会，旨在保护洛克菲勒的帝国和财富不受即将到来的所得税法的影**响，他的**间谍军队和被收买的参议员曾警告他这一法律即将到来，事实上，这一法律在1913年以如此迂回的方式颁布，违背了逻辑和理性。

第十三章

约翰-D-洛克菲勒，诺贝尔兄弟，俄罗斯

CFR的存在归功于约翰-D.和哈罗德-
普拉特，这一点毋庸置疑。这是一个可怕的罪恶，是反对
石油工业的一部分，石油工业凭借数十亿美元和CFR的**帮**
助，得以控制这个国家，并从此统治了这个国家。

其他人遵循洛克菲勒的计划，包括西方石油公司，即阿曼
德-
哈默的公司，该公司主要负责通过《中程核力量条约》，
该条约由大卫-洛克菲勒的   "连体婴儿
"基辛格谈判，在发现上述班贝克档案后，他对其导师的持
续依恋变得明显。中导条约》是对美国利益最无耻的背叛
之一。毫无疑问，还有其他叛国条约，但在我看来，《中
导条约》超越了所有这些条约。

在美国对一些国家的政策中仍然可以感受到约翰-
D的不诚实，他的石油公司的恶劣影响至今仍然存在。191
4年，国会记录中提到了
"洛克菲勒秘密政府"。正是在这一年，"伟人"（温斯顿-
丘吉尔）感到羞愧，他为约翰-D.做   "洗白
"的提议被拒绝，因为5万美元的要价被认为
"太高"。丘吉尔随后懊恼地宣布："**两个巨大的公司几乎控**
制了世界的石油工业"。当然，他指的是**壳牌**和标准石油公
司。第一家公司由马库斯-
塞缪尔创立，他曾经用贝壳为皇室成员制作装饰盒，因此
被称为

"**壳牌石油公司**"。塞缪尔开始了他的职业生涯，向日本运送煤炭，但当他看到光明时，他转而从事石油。事实证明，这一变化是非常有益的。

1873年，俄国沙皇被一群**渗入其内部的叛徒所**误导，向诺贝尔炸药公司授予特许权，在高加索地区勘探石油。诺贝尔之子阿尔伯特、路德维希和罗伯特在法国罗斯柴尔德银行的资助下，挺身而出，此举最终使罗斯柴尔德家族扼制了俄国的财政，并导致了布尔什维克革命。

诺贝尔、洛克菲勒、罗斯柴尔德和他们的公司和银行强奸了俄国，**榨干了它的**资源，然后把它交给了布尔什维克大军，完成了对这个一直是美丽、高贵和基督教国家的破坏。

石油工业参与了布尔什维克对基督教俄罗斯的强奸，并使其陷入黑暗的奴隶制时代，这是政府内部对这个政府的重要指控，不能轻易搁置。对于这一指责，石油行业从未被要求做出回应。

在俄罗斯获得成功后，随着标准公司几乎接管了罗马尼亚的油田，约翰-
D.将注意力转向了中东。第一个被击中的是前土耳其石油公司。英国人向约翰-
D.提供了他们在土耳其伙伴关系中的20%的股**份，埃克森**公司接受了这个提议。然后，贪婪的跨国公司开始关注伊拉克，美孚、埃克森和德士古很快就进入了伊拉克。该协议是为了建立平等的伙伴关系，但伊拉克人从一开始就被欺骗了。根据圣雷莫协议，伊拉克本应在财团中拥有20%的股**份，但事**实上它什么都没有得到。因此，开始了对英国和美国石油公司的深恶痛绝和恐惧，并蔓延到全世界。埃克森公司通过一家瑞士空壳公司提供资金以隐藏其参与。在伊拉克和伊朗忙碌的苏联人欢迎美国公司的到来。几年后，**壳牌公司的首席**执行官亨利-德特丁（Henri Deterding）指责埃克森公司与布尔什维克紧密合作，阿尔

弗雷德-米尔纳勋爵（Lord　　　　　　　　　Alfred
Milner）所掌握的军情六处情报文件充分证明了这一事实
。Deterding说，EXXON一直支持布尔什维克，它的许多计
划都是专门为支持共产党政府而设计。EXXON公司以其真
正的约翰-
D.风格，关闭了舱门，在美国的指责风暴中幸存下来。至
于德特丁，由于他的**揭露**损害了石油工业，他被列入黑名
单，从此一蹶不振。

在白厅档案中保存的与白俄击败红军运动有关的文件中显
示，白俄将军弗兰格和德尼肯得到了标准石油公司的承诺
，如果他们成功地将红军赶出巴库的丰富油田，他们将得
到美国政府的大量支持。

这一任务是由白俄军事部队完成的。事实上，他们粉碎了
红军，把它赶回了莫斯科的大门。但是，美国国务院的个
人代表劳埃-乔治和英国首相威廉-
布利特并没有像承诺的那样收到钱和武器，而是根据300人
委员会通过其对外关系委员会（CFR）的指示，从白俄军
队手下抽出地毯，让他们没有钱、没有武器，只能解散。

抵制白俄军队的军需品是由劳埃德-
乔治领导的**CFR阴谋**，它确保了唯一能够摧毁红军和结束
俄国布尔什维克政权的军事力量的崩溃，但这并不是帝国
主义英国和美国伙伴所想的。

布利特和劳埃德-
乔治为什么要在白俄的军队背后捅刀子？为什么在红军面
临失败的时候，在布尔什维克革命濒临崩溃的时候，美国
和英国政府却表现得如此背信弃义？在我已经提到的伦敦
白厅陆军部的文件中显示，美国联邦调查局希望达成协议
，让列宁继续掌权，以换取对俄罗斯巨大油田的石油的一
次性特许权。他们认为，列宁比白俄将军们更有可能达成
交易。这种欺骗，这种背叛，正是帮助布尔什维克从失败
的边缘回来，成为能够以数百万公民的生命为代价征服俄

国的强大力量。

当英国在1924年正式承认布尔什维克政府时，它的条件是一位官员与英国石油公司（BP）签署协议，保证英国利益集团有大片的石油用地供其勘探。在布尔什维克革命期间，英国军情六处的特工悉尼-赖利（Sydney Reilly）就为这项交易打下了基础。雷利有七本护照，有不同的军情六处官方名称，他代表阿尔弗雷德-米尔纳勋爵，后者主要负责资助布尔什维克革命，比英国政府更直接。

同样，美国标准石油公司也与帝国主义的列宁签署了类似的协议。为了给人留下美国和英国真的在与布尔什维克的崛起作斗争的印象，盟军的一支远征军被派往俄国最北部的阿昌格尔。它的部队只是在军营里闲逛，只有一次，他们在大天使的街道上进行了隆重的游行，之后所谓的远征军登上了一艘船，启程回国。

财团中唯一有原则的人是迪特尔丁，他断然拒绝与布尔什维克合作。关于背叛白俄和布尔什维克石油交易的问题，迪特尔丁说。

> 我认为，有一天每个人都会为与这些小偷打交道而后悔。

难怪Deterding被贬为无名小卒！历史将评判他的话是否具有预言性，而我们说的不是那些被洛克菲勒收买的所谓历史学家写的历史。为了防止未来的竞争（洛克菲勒说他确信会发生这种竞争），1928年8月18日在苏格兰的阿赫纳卡里城堡举行了一次秘密会议，地点是阿赫纳卡里伯爵的保留地。该会议由英伊石油公司（后来称为英国石油公司-BP）组织，标准公司、壳牌公司、英伊石油公司和美孚公司的高管参加了会议。Deterding作为荷兰皇家壳牌公司的代表出席了会议，但他的生活被洛克菲勒变成了地狱，他毫不掩饰对这个公开反对他与布尔什维克的石油交易的人的仇恨。

英伊石油公司起草了议程，所有各方于1928年9月17日签署。阿克纳卡里帝国主义的唯一目的是将世界石油贸易划分为

"利益范围"，由各大公司控制，这实际上意味着一切都要"按原样 "进行。

随后在1945年**达成的雅**尔塔协议是以阿赫纳卡里协议为蓝本的，"三巨头

"能够执行这一安排直到1952年。阿克纳克里协议违反了美国谢尔曼反垄断法，不仅如此，它还表明石油巨头们有足够的力量来操纵价格和分配供应，不管世界上的合法政府怎么说。

美国消费者是否从28年的Achnacarry协议中受益？答案是否定的。事实上，美国消费者是价格上涨的受害者，而此时的价格本可以大大降低。事实上，Achnacarry交易是一个违反美国反托拉斯法的巨大阴谋，目的是欺骗全世界的消费者，但在价格操纵中首当其冲的是美国消费者。

如果说有什么公然的刑事案件等待被起诉，那就是这个。但是，很显然，美国司法部只有几个勇敢的人愿意与那些在漫长的历史中不断 "宰割

"美国消费者的行业巨头们作斗争。值得称赞的是，司法部的 "少数人

"**确**实试图对卡特尔采取行动，但他们的努力被艾森豪威尔和杜鲁门阻止了。

三巨头

"从世界各地获得廉价石油的事实只是雪上加霜。老约翰-D的 "大手

"无处不在，随着时间的推移，石油行业的诚实人变得越来越难找。

但最糟**糕的事情**还在后面。三大公司不满足于其膨胀的利润，现在在国务院高级官员的帮助下寻求并获得美国的税收优惠。石油公司认为，他们的特殊地位是合理的，因为

> "我们正在奉行美国对这些国家的政策"。

他们的主张甚至更进一步。

> "我们正在帮助保持热点地区的冷却，而美国对这些热点地区的直接干预只会使情况变得更糟。

一位高管在1985年告诉参议院外交事务委员会。我们将看到这个论点是如何不成立的。

巴库之后，EXXON的主要推动力是进入沙特阿拉伯。埃弗雷特-李-德-戈伊勒在1943年曾说过。

> "这个地区（沙特阿拉伯）的这种石油是历史上最大的价格。"

在**帮助在位的阿卜杜勒-**
阿齐兹家族对抗以色列威胁的幌子下，EXXON能够通过确保沙特阿拉伯的利益不被华盛顿强大的、具有威胁性的以色列游说团体最小化来确立其地位。

国务院发挥了自己的作用，告诉伊本-
沙特国王，如果沙特人与EXXON公司合作，美国将对中东地区保持不偏不倚的政策。当然，国王同意了这个邪恶的交易。作为
"交换条件"，EXXON公司支付了50万美元的小数目，以**确**保对沙特石油的独家经营权！然而，由于以色列游说团体的强烈抗议，EXXON和国务院都无法履行他们的承诺，保持华盛顿中东政策的公正性。这让曾在1946年激烈反对以色列建国的沙特人很不满意。富布赖特参议员一直采取无党派的态度，即使在华盛顿遇到困难的时候，一般也能坚持自己的立场。然而，当富布赖特被提名为国务卿时，犹太**复国主**义游说团与埃克森公司联合取消了提名，提名给了迪安-
罗斯克，他是阿拉伯国家的敌人，是最糟糕的帝国主义分子。因此，美国对中东的阿拉伯/穆斯林国家的外交政策，总是非常不平衡，完全偏向于以色列，现在变得更加亲以

色列。

然后，沙特王室要求埃克森公司**每年支付**费用以维持特许权，在实施的第一年就达到5000万美元。随着沙特的廉价石油产量达到令人眼花缭乱的高度，"黄金税收优惠的噱头"也按比例增长，直到今天，它仍然是不朽的最大骗局之一。根据与国务院的协议，EXXON（ARAMCO）被允许从其美国税收中扣除贿赂，理由是贿赂是   "沙特所得税"的合法支付

事实上，这是对沙特阿拉伯的巨额对外援助--
尽管没有这样的记录--
以便EXXON可以继续生产和出口廉价的沙特石油。在税收漏洞被利用的6年后，以色列**开始索要自己的那份**战利品，最终得到了大约1300万美元，这要感谢美国的纳税人。目前，以色列从美国获得的外援总额约为每年500亿美元。埋单的美国纳税人是否能从这种安排中得到任何好处，比如降低油泵的油价？毕竟，既然沙特的石油如此便宜，难道不应该把好处转嫁给客户吗？答案是
"就ARAMCO而言，不是"。

美国消费者没有得到任何好处。更糟糕的是，国内石油价格遭受了巨大的上涨，至今没有恢复过来，因为廉价的中东原油扼杀了当地所有通过从美国资源（如北极油田）生产更多石油和天然气而使美国能源独立的努力。

第十四章

尼克松**关**闭黄金窗口

许多规模较小的独立石油勘探公司，即
"野生动物"，由于税收增加和限制其活动的新的和更严格的措施的迷宫而被迫停业。在尼克松总统任期结束时，1970年的小型经济衰退带来了提高汽油价格的机会。美国经济陷入衰退，利率被大幅削**减**，**引**发了令人震惊的外国资本外逃。尼克松总统根据西格蒙德-沃伯格爵士、埃德蒙德-罗斯柴尔德和   "300人委员会"中的其他伦敦城银行家的建议，决定关闭联邦储备银行的黄金窗口。

1971年8月15日，尼克松宣布美元将不再与黄金兑换。布雷顿森林会议的核心条款被打破了。美元非货币化导致加油站的汽油价格飙升。

根据1975年提交给多国听证委员会的证据，美国的石油巨头们几乎70%的利润都在国外，他们不需要支付任何美国的所得税。由于他们的大部分业务都是在
"上游"（在外国）完成的，美国巨头们不打算在当地的钻探和勘探中投入大量资本，因为他们必须为此纳税。

当产品可以在沙特阿拉伯以较低的价格免税获得时，为什**么**还要花钱在美国勘探和开采油田？为什么要允许小型独立经营者勘探石油并发现重要的维利特，这将不可避免地**减少七姐妹公司的利润**？EXXON做了它最擅长的事情。它转向顺从的国会议员，要求（并得到）对美国大陆的石油

勘探征收重税。

美国消费者继续补贴外国的帝国主义大公司，同时在加油站支付人为的高价，当你加上所有隐藏的税收成本时，美国的汽油成为世界上最昂贵的汽油之一，这种令人震惊的人为造成的情况几十年前就应该消除了。这种安排的不道德之处在于，如果巨头们不那么贪婪，他们就可以在美国以大大降低的价格生产和销售更多的汽油。我们认为，石油行业鼓励非法行为的方式使其面临共谋欺诈美国消费者的刑事指控。

1949年，美国司法部对包括美国主要石油公司在内的"国际石油卡特尔"提出了刑事指控，但在案件进行得很顺利之前，杜鲁门和艾森豪威尔进行了干预，迫使司法部将指控降为民事案件。

当浮动汇率冲击经济界时，阿拉伯产油国要求并获得了石油固定价格的承诺，这样他们就不会因为货币波动而意外地遭受石油收入的大幅下降。巨头们通过操纵汽油价格来遵守规定。因此，石油公司以人为的价格纳税，这不是真正的市场价格，但这被他们在美国支付的较低税率所抵消，这是美国其他行业从未享受过的优势。这使得EXXON和Mobil以及其他巨头平均只需缴纳5%的税款，尽管他们获得了巨大的利润。从上述情况可以看出，大石油公司不仅掠夺美国纳税人的钱财--
而且他们还在继续掠夺消费者的钱财--
而且他们还通过充当外国的支持者来执行美帝国主义的外交政策，他们以低廉的价格购买这些国家的石油。这种安排使大石油公司凌驾于法律之上，使它们有机会不断对当选政府发号施令。这个对美国消费者的巨大胜利是如何取得的？要回答这个问题，我们必须看看在萨尔茨约巴登岛举行的秘密会议，该岛为瑞典的沃伦伯格家族所有，是300人委员会的成员。

1973年5月，比尔德伯格集团举行了一次秘密会议，沃伯格

的埃里克-罗尔爵士、菲亚特集团的贾尼-阿涅利、亨利-基辛格、罗伯特-
O.大西洋富田石油公司的安德森、雷曼兄弟公司的乔治-鲍尔、兹比涅夫-布热津斯基、奥托-沃尔夫-冯-阿梅隆根和大卫-洛克菲勒。会议的主旨是如何触发全球石油禁运，使油价上涨高达400%。

萨尔茨约巴登会议无疑是300人委员会的一个高潮，因为从来没有这么少的人控制过整个世界的经济未来。他们决定采取**哪些步**骤来实现石油收入增加400%的目标，以及由此带来的对美元的巨大提振，除了参加会议的人之外，其他人并不知道。但他们审议的结果没有多久就出来了。

仅仅六个月后，1973年10月6日，埃及和叙利亚对以色列发动了战争，即所谓的   "赎罪日"战争。让我们暂时抛开所有攻击以色列的表面原因，去看看幕后的情况。从我们通过阅读一系列派遣信和报告所能发现的情况来看，几乎可以肯定的是，亨利-基辛格通过后方渠道从华盛顿策划了战争的爆发。众所周知，基辛格与以色列驻华盛顿大使，即某位辛查-迪尼茨**关系非常密切。与此同时**，基辛格正致力于他的埃及-叙利亚关系。基辛格使用了世界上最古老的公式：他故意为双方歪曲事实。

1972年10月16日，欧佩克在维也纳举行会议，向世界宣布将其石油价格从**每桶**1.5美元提高到11美元，并将抵制美国，因为美国公然持续偏袒以色列。荷兰被挑出来进行特别攻击，因为它是欧洲主要油港的所在地。Bilderberg的策**划**者已经实现了他们的目标。如果我们看一下1949年到1970年的石油价格，我们会发现每桶原油的价格只上升了大约1.89美元。到1974年1月，原油价格上涨了400%，这是萨尔茨约巴登的比尔德伯格集团的目标。

毫无疑问，亨利-
基辛格代表比尔德伯格集团策划并执行了在瓦伦堡务虚会上制定的计划，同时将原油价格上涨400%归咎于阿拉伯和欧佩克生产商，而自1949年以来世界石油消费增长了5.5倍。参议员 "勺子"杰克逊呼吁立即拆除和撤资大石油公司，称其利润"令人难以置信"。

然后我们再次转向墨西哥和壳牌公司的亨利-
迪特丁，他买下了考德利的一些特许权（约翰-
迪特丁拒绝了这些特许权，因为他觉得这些特许权反正也不值钱）。这是石油公司腐败行为的开始，而政府的官员对贿赂非常敏感。

石油是由英国建筑业巨头韦特曼-
皮尔逊在墨西哥发现的，我们以前曾见过他。根据皮尔逊对事件的描述，他并没有真正从事石油业务，但他在访问德克萨斯州的拉雷多后偶然发现了这一点。墨西哥总统波菲里奥-
迪亚兹给了韦特曼（私人）勘探的权利，这位英国商人在据信含有巨大石油储量的土地上安装了他的钻探设备，就在老约翰-D.提出索赔的地方旁边。约翰-
D.总是迅速地憎恨，然后开始炸毁魏特曼的主张，并放火烧毁他的水井。威廉-"多克"-
艾弗里传授的所有肮脏伎俩立即被用来对付他的对手。但韦特曼坚持执行他的任务，洛克菲勒一生中第一次受到挫折。在获得了对美国所有石油资源的控制后，洛克菲勒并不喜欢这样。他在怀特法官的法庭上展示的仁慈的慈善面具脱落了，露出了这个人性格的全部丑陋，一张在无情的掠夺中塑造的脸。

韦特曼比洛克菲勒更聪明，这使他计算错误。"我认为墨西哥的油田太贵了，"他告诉艾弗里，但他不知道他对墨西哥情况的评估是非常错误的。但在幕后，洛克菲勒的私人情报机构决心为韦特曼制造最大的麻烦，为墨西哥人民制造动乱和流血。

英国政府提拔魏特曼进入上议院，以表彰他在墨西哥油田为国家所做的工作，以及在第一次世界大战期间为皇家飞行队（RFC）制造轰炸机。他是道格拉斯-海格爵士的亲密朋友，他发起了皇家飞行队（RFC）计划。从那时起，他被称为考德利勋爵。他很快就与新当选的总统伍德罗-威尔逊成为亲密朋友。

对被打感到愤怒的约翰-D.开始给威尔逊施加巨大压力。标准石油公司希望重新参与游戏，如果它不得不利用美国军队来这样做，那就这样吧。这是最糟糕的帝国主义，石油公司利用美国军队作为他们自己的私人军队，正如我们看到的布什总统后来下令入侵巴拿马和伊拉克。

在墨西哥，洛克菲勒的私人情报军正在昼夜不停地煽动动乱，为了增加即将发生的危机，墨西哥选举韦尔托将军为其新总统。在他的竞选宣言中，韦尔托曾发誓，他将为他的人民重新获得墨西哥石油的控制权。通过考德利勋爵，英国政府要求威尔逊寻求美国的帮助以摆脱好斗的韦尔托。英国和美国联合起来'对付共同的敌人'，正如考德利所说，同时在气球飞起来之前，日夜不停地抽出尽可能多的原油。但是，对墨西哥造成最大伤害的是美国，它使这个国家陷入了一系列被错误地称为"革命"的内战，并无谓地使数十万墨西哥人流血，以便外国帝国主义能够保留对墨西哥自然资源的控制。墨西哥被苦难和冲突所困扰，但与此同时，考德利却越来越富有了。他的个人帝国包括国际银行和经纪公司Lazard Frères、企鹅出版社、《经济学人》和伦敦《金融时报》，所有这些都建立在墨西哥人民的血泪之上，以及在第一次世界大战中死亡的数百万人的鲜血之上，如果不使用墨西哥的石油，这场战争就不可能打起来。墨西哥人民遭到了盲目的抢劫，首先是被考德利，然后是被壳牌公司，壳牌公司在1919年第一次世界大战结束时买下了这位亿万富翁在墨西哥的权益，当时考德利因儿子在第一次世界大战中死亡而受到重创，决定他已经赚够了钱，可以退休。

由于墨西哥人民试图重新获得对其自然资源的控制权，一场内战随之发生（在英国和美国媒体中被称为"革命"）。当考德利过着完全奢侈的生活时，墨西哥石油工人的处境比法老的奴隶还要糟糕，他们挤在一起，在由最肮脏的棚屋组成的无法描述的石油'城市'里，过着黑色的悲惨生活，没有卫生设施，没有水。

1936年，17个外国正忙着抽取理应属于墨西哥的石油。最后，当墨西哥石油工人因为他们的条件而处于反抗雇主的边缘时，墨西哥总统拉扎罗-**卡德**纳斯迟来的要求为他们提供更好的条件和工资。在美国，新闻界宣布，"共产主义正试图占领墨西哥"。

17家违规公司拒绝向工人的正当要求让步，卡德纳斯随后将所有外国石油公司收归国有，这是他有权做的。正如他们对伊朗所做的那样，当丘吉尔的野蛮侵略破坏了经济，在全世界范围内抵制伊朗石油时，英国和美国政府宣布，他们将对任何从墨西哥运出的石油实施禁运。经营石油工业的国家公司PEMEX受到抵制的干扰，变得完全无能，随着抵制的持续，PEMEX的员工开始屈服于贿赂和腐败。所有这些不当行为都是洛克菲勒的私人特工和间谍军队所为，他们无处不在。1966年，几位著名作家试图揭露英美帝国主义在墨西哥扮演的角色。考德利随后雇用了当时的知名作家德斯蒙德-杨（Desmond Young），准备对他的活动进行粉饰，为此，杨得到了妓女的现行价格。

回到欧洲，就在第二次世界大战之前。1936年，共产党人试图接管西班牙。这是他们在夺取俄罗斯后的最大收获。德士古公司看到了一**笔意外之**财，站到了佛朗哥将军一边。其装满墨西哥石油的油轮被转移到佛朗哥控制的西班牙港口。

这就是威廉-
史蒂芬森爵士的来历，这个人在二战期间阴谋接管美国情报部门，后来组织了对约翰-
肯尼迪总统的暗杀。史蒂芬森发现了德克萨斯-
佛朗哥的石油交易，并急忙将此事告诉罗斯福。按照美国秘密政府的惯例--这种情况由来已久--
当右翼政府与试图推翻它们的共产主义势力进行生死搏斗时（如在古巴），美国联邦调查局要么采取中立立场，同时暗中破坏合法政府并支持共产主义势力，要么公开站在叛乱势力一边（如在西班牙以及后来的南非）。

在被称为西班牙内战的西班牙反共产主义战争中，美国正式保持
"中立"。但罗斯福允许CFR向佛朗哥所反对的共产党人秘密提供资金、武器和弹药。当史蒂芬森带着这个　"坏消息"飞奔进他的办公室时，罗斯福非常生气，愤然命令德士古公司尊重中立法，停止向佛朗哥供应石油。

然而，罗斯福并没有阻止金钱、武器和粮食流向共产党人。他也没有命令布尔什维克不要在美国招募人员为西班牙的共产党人作战。

共产党人很快就开始招募美国志愿者参加　　　　"林肯旅"的战斗，以反对佛朗哥。罗斯福没有试图起诉那些责任人。佛朗哥从未因粉碎共产党接管基督教西班牙的企图而被原谅。组成美国国务院大部分人员的社会主义者也不会原谅他。虽然它没有在西班牙内战中发挥重要作用，但作为12家联邦储备银行的管理机构，联邦储备委员会在第一次和第二次世界大战中发挥了重要作用。没有它，就不会有世界大战，不会有朝鲜战争和越南战争。联邦储备银行是由参议员纳尔逊-
奥尔德里奇在洛克菲勒家族的授意和服务下创建的。参议员纳尔逊-
奥尔德里奇被罗斯柴尔德家族收买，成为在美国建立中央银行的法案的主要推动者，违反了他捍卫和维护美国宪法

的誓言。

可以说，罗斯柴尔德和洛克菲勒的钱支付了建立联邦储备银行的费用（合法的，以及贿赂的）。奥尔德里奇参议员的女儿阿比-格林-奥尔德里奇嫁给了小约翰-洛克菲勒，阿比一直非常慷慨地资助左派和彻底的共产主义机构。

墨西哥和美联储是针对石油工业的另外两份起诉书。洛克菲勒家族还被指控将他们的石油资金注入共产主义温床，如世界教会理事会和纽约的洛克菲勒河畔教堂。这两个左翼机**构在消**灭南非基督教会的运动中走在最前面。

石油工业变得如此帝国主义，在庞大的间谍网络的帮助下，几乎没有发生过洛克菲勒家族不知道的事情。二战结束后不久，石油**开始从沙特油田流出，而汽油价格从每加**仑1.02美元上涨到1.43美元，完全没有经济原因。石油工业的纯粹贪婪已经使美国消费者损失了数十亿美元，更不用说美国纳税人不得不提供数十亿美元来维持这只 "金鹅"。

EXXON公司没有表现出对美国人民或政府的恐惧。被称为外交**关系委**员会的高层影子政府的秘密执行者，确保没有人敢对EXXON及其沙特公司ARAMCO动一根手指。

结果，ARAMCO公司能够以每桶0.95美元的价格向法国出售石油，而对同样的石油向美国海军收取每桶1.23美元。这是对美国人民的无耻和傲慢的盗窃。但是，尽管有媒体和电台的掩盖，1948年参议员布鲁斯特决定他有足够的信息来挑战石油工业。

布鲁斯特指责专业人员的行为是不诚实的。

> ......
> 贪婪地想赚取巨额利润，同时不断寻求美国的保护和财政支持，以维护其巨大的特许权。

大石油公司以给布鲁斯特的备忘录作为回应，他们在备忘录中傲慢地宣称，他们对美国没有特别的效忠!洛克菲勒的

"帝国主义

"从来没有像在布鲁斯特听证会上那样大胆地展现在美国人面前。

除了地缘政治的考虑，主要石油公司也犯了简单的价格操纵罪。例如，廉价的阿拉伯石油，在卖给西欧和进口到美国时，是按较高的美国价格定价的。这是通过所谓的"影子**运费**"实现的。

对石油行业的行为有很多启发的最好报告之一是"国际石油卡特尔；联邦贸易委员会工作人员汇编的报告"。[6]这份精辟的报告应该成为美国众议院和参议院所有成员的必读书目。

我很**惊**讶这份报告曾经见诸报端，我想这足以让洛克菲勒和他的**阴**谋家们感到非常担心。受已故参议员约翰-斯**帕克曼的启**发，并由M-布莱尔教授精心塑造，石油卡特尔的故事可以追溯到苏格兰的阿赫纳卡里城堡的阴谋。

---

[6]"国际石油卡特尔；联邦贸易委员会工作人员汇编的报告"。译者注。

第十五章

参议员斯帕克曼向洛克菲勒的石油帝国发难

斯帕克曼参议员不遗余力，特别是对洛克菲勒石油帝国的攻击。布莱尔教授小心翼翼地、令人信服地，一寸一寸地建立起针对石油工业的案例，最终提供了无可辩驳的证据，证明主要石油公司参与了一个阴谋，以实现以下目标。

- 控制所有与石油生产和炼油有关的技术和专利。

- 为了控制七家公司之间的管道和油轮，"七姐妹"。

- 分享全球市场，划分势力范围。

- 在石油的生产、销售和分配方面控制所有外国石油生产国。

- 联合行动，团结一致，使油价人为地居高不下。

布莱尔教授说，ARAMCO的罪行之一是将油价维持在高位，同时以令人难以置信的低价在沙特阿拉伯抽取石油。鉴于斯**帕克曼参**议员的广泛指控，司法部开始对ARAMCO的商业行为进行调查，以了解是否违反了美国法律。标准石油公司和洛克菲勒家族立即派出他们在国务院的雇佣兵迪安-艾奇逊（Dean Acheson），以破坏调查。本来可以以叛国罪被起诉的艾奇逊，是美国政府被大石油公司颠覆的最好，也可能是最坏的例子。**每次**试图调查那些早已宣布不特别效忠于美国的**阴**谋家时都会发生这种情况。1952年，艾奇逊在参议院特别委员会面前，以国务院的利益为重，保护美国在中东的外交政策利益（从而默认大石油公司在指导外交政策），艾奇逊要求委员会和司法部暂时搁置对ARAMCO交易的调查，以免削弱美国在中东的外交举措。艾奇逊非常巧妙地利用伊朗的摩萨台危机来说明他的观点，而司法部也适当地服从了。但总检察长在ARAMCO不光彩的商业行为的大门关闭之前，还是说了一句尖锐的话。

> 石油贸易掌握在少数人手中。石油垄断不符合自由贸易的最佳利益。只有通过保护自由企业免受政府和私人权力的过度侵害，才能维护自由企业。

但司法部长最严厉的斥责是针对石油卡特尔，他说这是"对国家安全利益的严重损害"。愤怒的洛克菲勒立即采取了损害控制措施，利用他的攻击犬艾奇逊指责反托拉斯检察官是"司法部反托拉斯部门的警犬，他们不想与玛门和不公正者打交道"。他的语气是好战和狂轰滥炸。

通过对国防部和内政部进行调整，艾奇逊宣布了帝国主义的信条。

> "这些公司（七姐妹）在向自由世界供应其最基本的商品方面发挥着至关重要的作用。美国的石油业务实际上是我们对这些国家的外交政策的工具"。

艾奇逊的绝招是提出苏联布尔什维克可能干预沙特阿拉伯的**灵**。

> 我们不能忽视石油公司在促进前苏联理想的斗争中所发挥的重要作用，也不能对这些公司参与掠夺性勘探的犯罪**阴**谋的说法不加回答。

艾奇逊的立场是完全错误的。石油卡特尔过去和现在都在对产油国进行帝国式的掠夺，它根据产油国的最大利益进行干预或作出外交政策决定的活动，对阿拉伯和伊斯兰世界与美国的良好**关系构成威**胁，并威胁而不是保护我们的国家安全利益。至于艾奇逊的苏联红鲱鱼，自布尔什维克革命以来，石油工业，尤其是洛克菲勒家族，与布尔什维克领导层的关系非常融洽和热烈。当他们的成员之一亨利-德特丁爵士嘲笑他与布尔什维克结盟时，他被送进了门。洛克菲勒家族长期以来一直与布尔什维克保持着最明目张胆的非法**关系**，**无**论如何，难道不是丘吉尔在石油工业的充分认可下，邀请俄国人加入到入侵伊朗和伊拉克的行动中？石油**卡特**尔的力量从来都是毋庸置疑的。杜鲁门的司法部长多年前就曾警告说，世界必须摆脱帝国石油工业的控制。

全球石油**卡特**尔是一种对个人手中重要的全球产业进行专制统治的力量。结束目前调查的决定将被世界视为承认，我们对垄断和限制性卡特尔活动的厌恶并没有延伸到世界上最大的产业。

这实质上是我反对石油工业的案例。可以预见的是，洛克菲勒和他的法律团队，特别是艾奇逊，赢了。由于没有任何损失，在他准备离开白宫时，杜鲁门要求司法部长 "为了国家安全的利益 "放弃对卡特尔的起诉。

第十六章

科威特是用偷来的伊拉克土地创建的

为了取悦美国人民，尽管这毫无意义，杜鲁门宣布允许民事诉讼继续进行。但当石油公司拒绝接受传票时，这个诡计被揭穿了。当艾森豪威尔和杜勒斯--

300人委员会、洛克菲勒家族和CFR的**两名高级仆人**--

取代杜鲁门和艾奇逊时，此案被悄悄放弃。因此，为石油帝国主义的毒瘤的蔓延搭建了舞台。

克米特-

罗斯福从一开始就参与了推翻摩萨台总理的阴谋。甚至在1953年4月准备对他的腐败主子提起民事诉讼时，克米特还在德黑兰监督即将发生的针对摩萨台的政变，该政变于4月15日爆发并成功了。可怜的摩萨台不知道洛克菲勒和艾森豪威尔是一伙的，他继续向艾森豪威尔呼吁，而艾森豪威尔作为洛克菲勒和石油卡特尔的可悲玩物，没有采取任何措施来阻止中央情报局在伊朗的非法活动。

摩萨台下台后，伊朗国王回到了伊朗，但当他发现--

通过摩萨台博士的工作--

美国石油公司是如何**榨干伊朗的石油**储备并从中牟取暴利时，他很快就心灰意冷。

基于墨西哥和委内瑞拉要求的先例，以及向沙特阿拉伯支付的巨额贿赂，伊朗国王认为现在是时候要求比伊朗获得的石油收入更大的**份**额了。沙赫了解到，委内瑞拉的石油工业被胡安-温森特-戈麦斯（Juan　　　　　　Vincente

Gomez）所腐蚀，他被贿赂，允许一个美国人编写委内瑞拉的石油法律，导致1922年在马拉开波发生灾难性的罢工。但沙赫提供的信息将成为他的败笔。华盛顿对石油卡特尔成员的民事诉讼开始动摇，甚至在克米特-罗斯福抨击德黑兰的时候，艾森豪威尔要求他的司法部长在法院和石油**卡特**尔之间达成一个面子上的妥协，他相信这个妥协会成功的。

"……将保护自由世界在作为石油供应主要来源的中东的利益。

更令人吃惊的是，艾森豪威尔随后指示司法部长"从现在起将反托拉斯法视为次要的国家安全利益。难怪阿亚图拉-霍梅尼称美国是"大撒旦"。就石油工业而言，这是一个当之无愧的外号。艾森豪威尔在帝国主义美国的旗帜下行事，给了石油卡特尔随心所欲的自由。

霍梅尼谨慎地说，"大撒旦"不是美国人民，而是他们腐败的政府。当我们考虑到美国政府欺骗自己的人民的方式，它要求这个国家的儿女为了石油工业的利益而牺牲自己的生命的方式，我们当然可以看到霍梅尼的这种定性是合理的。

在对石油卡特尔成员进行民事诉讼的整个闹剧过程中，国务院不断将被告称为"所谓的石油卡特尔"，但它清楚地知道，七姐妹和阿赫纳**卡里城堡阴**谋的参与者没有任何"所谓"。我们可以补充说，当时的国务院密布着洛克菲勒和罗斯柴尔德的同情者，今天仍然如此。

国务院对卡特尔成员的道歉最终让卡特尔占了上风。因此，正义被扭曲和侵犯，阴谋家们逃脱了他们的罪行，今天他们仍然如此。国务院声称 "七姐妹"在击退苏联对沙特和伊朗油田的渗透方面走在前列，这是石油工业自约翰-D-

洛克菲勒时代以来提出的一系列谎言中的一个公然谎言。

1953年，帝国主义英国和美国的主要石油公司达成了一个巨大的**阴谋**，要求统一需要对他所谓的 "伊朗问题"采取行动。(还记得墨西哥和 "共同的敌人 "吗？)威廉-弗雷泽爵士写信给美孚、德士古、索科、英国石油公司、**壳牌和海湾石油公司**，**提**议尽快安排一次思想会议，以彻底解决与伊朗的困难。

美国主要石油公司的代表在伦敦加入了他们的英国同行（长期以来，这是那些寻求避免美国阴谋法的人最喜欢的聚会地点）。法国公司Française des Pétroles的代表也加入了他们的行列。双方商定，将组建一个**卡特尔**--只是它将被称为 "财团"，以完全控制伊朗的石油。几十年后，当沙阿试图反对该卡特尔时，他被通缉，然后被杀害。

这封信和随后的卡特尔协议构成了卡特帝国政府阴谋赶走伊朗国王的基础，实际上是对赶走摩萨台博士的方法的复制。来自 "银行家派系"的大约60名中央情报局特工被派往德黑兰，以破坏沙赫。石油工业力量的另一个例子发生在1967年的阿拉伯-以色列战争期间。

1967年6月4日，以色列军队入侵埃及，导致了阿拉伯人对整个西方国家的短暂抵制。这种抵制后来减少到以色列的主要财政支持者，英国和美国。石油公司没有开辟新的国内油田，而是在没有理由的情况下提高油价。我们说，没有理由提高价格，因为石油公司手头有大量的由廉价的沙特石油提炼的数十亿加仑的汽油库存。埃及外交部长建议

> "......对攻击我们的侵略者以色列的支持，使美国纳税人损失了数十亿美元，不仅是通过向侵略者以色列国运送大量武器，而且还通过美国公众现在必须支付的汽油价格的增加。"

我相信我已经建立了一个针对石油行业的犯罪阴谋的有力

证据，石油行业与外国石油公司合谋掠夺、偷窃和抢劫美国人民；破坏民选政府的外交政策，总的来说，在政府内部充当政府，犯下了数百起犯罪行为。美国已经成为各种意义上的帝国主义大国。

美国和科威特的**另一个盟友沙特阿拉伯**现在正与伊朗对峙，并为其安全担忧。在幕后，法赫德国王受到来自其家庭成员的很大压力，要求美国将其军事基地迁出王国。法赫德国王为了遏制国内日益严重的动乱，本应在海湾战争后实行一系列改革。如同在科威特一样，"民主"改革长于言辞，短于行动。统治家族还没有准备好放松对国家的控制，更不用说站在石油卡特尔面前了。

1992年3月，法赫德国王宣布，作为承诺的改革的一部分，审查制度将被取消。这一声明是在沙特记者Zuhair al-Safwani受到残酷对待之后发表的，他于1992年1月18日被捕，并被判处四年监禁，原因是他对阿卜杜勒-阿齐兹家族说了一句轻微的不利的话，沙特王室认为这句话接近事实，令人不舒服。除了四年的监禁之外，萨夫瓦尼还受到了300下鞭打，使他的身体左侧瘫痪。

如果发生在南非、伊拉克或马来西亚，这种可怕的酷刑会成为CNN、ABC、NBC、FOX和《纽约时报》的头条新闻。当一个年轻的美国人在被判贩毒罪后被新加坡法院判处9下藤条时，甚至连克林顿总统都呼吁宽大处理。

但是，由于这种可怕的暴行发生在沙特阿拉伯，我们无畏的媒体巨头们喜欢说实话，说全部的实话，却保持着震耳欲聋的沉默。CNN、CBS、ABC、NBC和FOX没有一句谴责沙特阿拉伯的话。

美国政府与沙特专制者是一伙的，这就是为什么如果有任何对沙特 "民主"的威胁，不管是真实的还是想象的，我们都会把军队赶到那里。事实是，美国军队驻扎在沙特阿拉伯的宰赫兰，完全是为了保护和延续当今世界上最专制的政权之一。正确的做法是让美国军队回国，并取消自洛克菲勒家族启动该计划以来的数十亿美元的 "保护权"付款。支付给沙特统治者以诱使美国石油公司从他们的油井中抽取石油的钱，作为在外国缴纳的税款从美国所得税中扣除。美国人民必须不公平地承担这一成本。

与此同时，索马里的石油工业情况并不理想。正如我的专著《我们在索马里做什么》所揭示的那样，⁷，前总统布什仍然在为石油工业服务，他将美国武装部队派往索马里，表面上是为了养活饥饿的索马里人民。我的专著撕下了布什政府的这个面具，揭示了美国武装部队在索马里的存在背后的真实意图和目的。

*世界回顾》*杂志报道说，美国正在参与翻修位于港口城市柏培拉的前基地，该基地位于红海的战略位置，横跨沙特阿拉伯的油田。他还透露，美国军队在索马里是为了保护在该国勘探石油的钻探人员，据说该国的石油资源很丰富。虽然最近翻新的柏培拉基地可能有助于缓解什叶派对美军在沙特阿拉伯的存在的担忧，但其缺点是如果索马里的**石油开始流**动，王国可能会失去收入，尽管这可能是二十年或更久以后的事。然而，利雅得的宗教人士坚持要求警告美国**离开王国**，这对法赫德国王和他的一些儿子来说并不顺利。

她以一种非常清晰的方式将宫廷内的家庭分歧带到了表面。随着**她健康状况的**恶化和要求放松沙特家族对国家控制的呼声，沙特王室看似无尽的光明前景**开始**变得暗淡。

对沙特人和瓦哈比人继续保持绝对权力的宗教反对力量很说明问题。每天都有来自什叶派和其他原教旨主义者的新的挑**衅，他**们希望法赫德国王履行承诺，在不久的将来举行选举，而他根本不愿意这样做。过去，沙特阿拉伯阿卜杜勒-

---

⁷"我们在索马里做什么？

阿齐兹家族的专制统治者对所有反对其独裁政权的外人都是一个统一战线。

情报来源告诉我，情况不再是这样了。激烈的家族争斗和法赫德国王的死亡威胁着曾经的统一战线。此外，来自穆斯林原教旨主义者的压力不断升级，最终逮捕了几百名原教旨主义者的领导人，利雅得称他们为"宗教激进分子"，但实际上他们是一群寻求在国家治理方面拥有发言权的毛拉。

2006年7月开始的真主党和以色列军队在黎巴嫩的战争在利雅得产生了令人担忧的影响。原教旨主义者希望沙特政权**公开宣布自己站在真主党一**边，而执政的阿卜杜勒-阿齐兹部族希望避免这种情况。在对阿拉伯和穆斯林产油国不断进行的石油战争中，石油工业越来越依赖美国军队介入并打石油战。

应该记住，布什没有宪法授权派美国军队去打伊拉克。只有国会可以宣战。总统无权向任何地方派兵，也无权根据英国石油公司在科威特的资产的保管情况在沙特阿拉伯驻扎军队。

因此，布什没有权力在没有国会批准（以宣战的形式）的情况下向任何地方派遣美国军队，他实际上逃脱了一项严重的罪行，即违反了他的就职誓言，为此他应该以未能维护宪法和战争罪等罪名受到起诉。

众议员亨利-冈萨雷斯实际上列出了G.H.W.布什所犯的罪行，并试图让他受到弹劾，但他的努力被众议院的民主党和共和党人阻止了，他们认为不配合反对萨达姆-侯赛因总统的游行是不忠诚的，而相当保护布什免受叛国罪指控。这表明，在重要问题上，美国两个政党之间几乎没有什**么区**别。因此，美国的外交政策已经恶化为一个帝国主义大国。自1991年以来，国会在打击　　　　"恐怖主义"的幌子下，通过了各种违宪的法律。美国国会必须给布什和国防部的关节处以猛烈的打击。美国干涉其他国家主权事务的任何企图只能被世界--以及大多数美国人--视为一种极端暴力的行为，就恐怖主义和完全堕落而言，远远超过可能产生的任何边际利益。

最令人不寒而栗的是，乔治-布什甚至提议对小国使用核武器，却没有得到公众的强烈反对，这表明美国在通往一个世界政府的道路上走得多么远。三十年来，美国一直在说，应该禁止使用核武器。然而，这里有一个不是由选民选出来的人，他正在开创一个危险的先例，说只要这些国家是坐在宝贵的石油储备之上的"红色国家"，就可以攻击这些国家。我们的军队绝不能被允许成为石油工业的攻击犬。我们肯定从海湾战争中学到了什么？

如果研究伟大的宪法学者约瑟夫-斯托里法官的作品，《美国宪法评论》第三卷，特别是第五章，没有提到国防部长和五角大楼有权制定和实施美国外交政策的事实。每个国会议员都应该被要求阅读这本书，以便能够阻止布什在中东从事的这种公然滥用权力的行为。石油工业认为这将是削弱两个主要产油国的好办法，并为它们的迅速崩溃做好准备。布什总统在没有得到国会任何授权的情况下，制造了一种对伊拉克的仇恨气氛，认为美国军队将有借口对伊拉克人民进行帝国主义的消耗战，而这一切都是为了石油工业的利益。这个国家什么时候才能知道，石油工业是由贪婪无边的新世界政府的全球主义者管理的？石油工业不可信--它的领导人是真正的麻烦制造者，如果对他们唯一有利的话，他们将使这个国家陷入各种麻烦。

驻伊拉克美军的最新伤亡情况是国家的耻辱。我们的部队在那里不是为美国而战。他们在巴格达为石油集团确保伊拉克的石油储备。而我们的军队在沙特阿拉伯是为了维持阿卜杜勒-

阿齐兹王朝的地位，因为他们的政权是一个让石油流向美国巨头ARAMCO的山寨政权。不应该再有一个美国士兵被牺牲在石油工业贪婪的祭坛上。

是谁把我们的军队放在这个危险区域的，是根据什么宪法授权这样做的？乔治-赫伯特-沃克-布什和五角大楼为保卫科威特这个世界上最不健康的独裁国家之一（仅次于沙特阿拉伯）而疯狂奔走，表明了华盛顿的无政府状态和混乱局面。美国军队和物资以英国石油公司和伦敦市银行家的名义冲进科威特，揭示了美国公众被洗脑的高级水平。让我们把事情看清楚。

科威特不是一个国家。它是英国石油公司和伦敦市银行家的附属品。被称为科威特的领土属于伊拉克，400多年来被认为是伊拉克不可分割的一部分--直到英国军队登陆，在沙漠沙地上划了一条线并宣布："这里现在是科威特。当然，这条想象中的边界就在该地区最**丰富的油田中**间，即鲁迈拉油田，400年来一直属于伊拉克，现在仍然属于伊拉克。偷窃土地从未转移所有权。

引自《欺骗的外交》："[8]

> 1880年，英国政府结识了一位名叫阿卜杜拉-萨拉姆-萨巴赫埃米尔的阿拉伯酋长，他被任命为他们在伊拉克南部边境地区的代表，在伊拉克境内发现了鲁迈拉油田。当时，除了伊拉克，没有其他国家--所有的土地都属于伊拉克，因为科威特实体并不存在。
>
> Al Sabah家族一直**关注着**这些丰富的战利品...1899年11月25日--同年英国与南非的小布尔共和国开战--英国政府代表300人委员会与埃米尔-萨巴赫达成协议，将侵占伊拉克鲁迈拉油田的土地割让给英国政府，尽管该土地是伊拉克不可分割的一部分，

---

[8] *谎言外交--英国和美国政府的背叛记*，约翰-科尔曼，Omnia Veritas有限公司，www.omnia-veritas.com。

埃米尔-萨巴赫和英国人都没有任何权利。

该协议由谢赫-穆巴拉克-
萨巴赫签署，他风尘仆仆地来到伦敦。科威特
"已成为事实上的英国保护国。当地居民和伊拉克政府从未被咨询过，也没有发言权。萨巴赫家族是绝对的独裁者，很快就表现出无情的残酷。1915年，英国人进军巴格达并占领了它，乔治-布什会称之为 "野蛮的侵略 "行为。

英国政府建立了一个自称的
"委任统治"，并派高级专员考克斯领导该委任统治，考克斯任命叙利亚前国王费萨尔领导巴士拉的傀儡政权。英国现在在伊拉克北部有一个傀儡，在伊拉克南部有一个傀儡...。

1961年，伊拉克总理哈桑-阿卜杜勒-
卡西姆在科威特问题上猛烈抨击英国，指出洛桑会议所承诺的谈判并没有进行。卡西姆说，名为科威特的领土是伊拉克的一个组成部分，400多年来奥斯曼帝国一直承认它是伊拉克的一部分。相反，英国政府给予科威特独立...

在   "科威特
"和伊拉克之间没有真正的边界；这都是一场闹剧。如果卡西姆成功夺回被科威特占领的土地，英国统治者就会损失数十亿美元的石油收入。但是，当卡西姆在科威特独立后失踪时（几乎没有疑问，他是被英国军情六处特工谋杀的），反抗英国的**运动**失去了动力。

通过在1961年给予科威特独立，并无视这块土地不属于他们的事实，英国得以将伊拉克的正当要求推到一边。我们知道，英国政府在巴勒斯坦、印度以及后来的南非也做了同样的事情。

在接下来的30年里，科威特仍然是英国的附庸国，通过出售伊拉克的石油向英国银行注入了数十亿美元，而伊拉克却一无所获。英国夺取伊拉克土地，称之为科威特并给予独立，必须被视为现代最大胆的海盗行为之一，并直接促

成了海湾战争。

我不遗余力地解释导致海湾战争的事件，以表明300人委员会的力量和美国对伊拉克的不公正态度。

G.H.W.布什总统重复了石油卡特尔所实行的100%的非法手段。正是这种行为将美国带入无政府状态和混乱之中。自1991年以来，伊拉克妇女和儿童已经死了几十万人，死于疾病，其中许多是由贫铀弹壳的辐射造成的，以及因持续了19年的非人道抵制而造成的营养不良。

伊拉克没有钱购买食品和医疗用品--欧盟做到了这一点。

联合国的禁运得到了宽宏大量的授权。当伊拉克的石油收入**减少到低于生存水平**时，它如何能够购买这些必需品？脑膜炎在巴格达的儿童中肆虐，而英国和美国却拿一个从未伤害过他们的民族的生命做赌注。在过去的18年里，针对伊拉克的帝国主义一直占据着最高地位。这没有任何理由，美国为石油卡特尔买单是完全违宪的。对石油卡特尔来说，任何骗局都不会太大、太小或太难看。

在2008年年中，我们再次见证了帝国石油卡特尔是如何自成一格的，一个没有政府能够遏制或控制的无情组织。我们已经看到了一个相当惊人的情况，美国在阿拉斯加的石油储备现在经常为中国的炼油厂提供原料。美国和中国会不会发生冲突？这还有待观察。

在中东，我们目睹了石油巨头们的灭绝政策，伊拉克人民是其中的受害者。这个正在进行的恐怖故事被媒体很好地隐藏起来，以免一些人睁开眼睛，开始质疑正在发生的事情。永远不要忘记，美国和英国是当今世界上两个最帝国主义和最颓废的国家，在他们的领导下，帝国主义像瘟疫一样蓬勃发展和蔓延。美国人民今天所容忍的事情，在几年前他们是不会容忍的。

前总统乔治-
布什和克林顿总统都犯了干涉罪。当老布什在没有任何国

际法和美国宪法授权的情况下，单方面在伊拉克上空设立
两个所谓的 "禁飞区
"时，他的行为违反了美国宪法，将他的意志强加给伊拉克
这个主权国家和美国人民，而没有任何权力来支持他的行
动。

这一行为据说是为了保护处于被萨达姆-
侯赛因入侵危险中的库尔德人。在美国武装部队的重压下
，从来没有以美国人民的名义进行过如此单边的独裁行为
。而现在，在2008年，我们仍然忍受着乔治-
布什的可疑行为，仿佛他是一个国王，整个世界都在害怕
和颤抖。美国，你怎么了？

安全理事会授权禁飞区的决议号没有联合国秘书处，安全
理事会也没有发布任何涉及禁飞区的决议。布什先生是单
方面采取这一步骤的。美国国务院未能在任何既定的美国
法律或最高法律--美国宪法中援引 "禁飞区
"的授权。老布什的单边行动是一个明显的帝国主义独裁者
的工作案例。长期以来对法治的尊重，对我们宪法尊重
，被一个傲慢的帝国主义总统布什践踏了。美国人显然满
足于让石油大亨们的非法和违法行为逍遥法外。

老布什是石油行业中最重要的人之一；他对库尔德人的福
利没有兴趣。这个无法无天的组织看中的石油产业是伊拉
克摩苏尔地区尚未开发的巨大石油储备。巧合的是，乔治-
布什想要 "保护
"的库尔德人，恰好占据了伊拉克的土地，而摩苏尔油田就
在这块土地下。因此，石油大亨和英国女王伊丽莎白二世
的朋友乔治-布什宣布，伊拉克的飞机不能在 "禁飞区
"飞行。

老布什说，"禁飞区
"应该保护库尔德人。然而，就在几英里之外，被土耳其军
队杀害的库尔德人数量提供了一个奇怪的背景。当然，当
我们知道美国的外交政策是由石油巨头主导的时候，这就

说得通了，而当我们开始理解摩苏尔的石油村是　"禁飞区"和向毫无防备的巴格达市民发射两枚价值数百万美元的巡航导弹的真正原因时，这就更说得通了。

美国人民是世界上最容易受骗、受骗、受骗、受管制的人，他们生活在虚假信息的密集丛林中，更密集的无耻宣传丛中。结果，美国人民没有意识到，他们的政府是一个在一个秘密的高级别平行机构--300人委员会指导下的政府，该机构允许未来的独裁者和暴君掩盖其专制和违宪的行为。任何质疑布什对伊拉克外交政策的人都被贴上不爱国的标签，而事实上，不爱国的是布什家族和那些支持他们对伊拉克乃至整个中东地区的石油**卡特**尔政策的人。就是这些人支持对伊拉克进行完全违宪的轰炸和非法（根据国际法）的抵制，对塞尔维亚进行违宪的轰炸，以及对伊朗和黎巴嫩人民的侵略行为。没有一个国家能从石油大亨那里获得安全。加州有几十个炼油厂，从洛杉矶到贝克斯菲尔德到旧金山地区。该州有大量的石油。然而，多年来，加州公民一直被石油工业的贪婪所欺骗。当堪萨斯州的汽油价格为79美分一加仑时，加利福尼亚人的汽油价格为1.35美元一加仑。

这从来都是不正当的，但由于加州立法机构在他们的口袋里，大亨们有什么可担心的呢？就这样，价格掠夺仍在继续。加油站的汽油价格上升到惊人的普通汽油2.65美元，高级汽油3.99美元/10分。这些令人震惊的价格上涨是没有理由的。贪婪是激励因素。炼油厂从来没有用完过原油，汽油库存一直保持在接近正常的水平。

美国军队现在是巨大的石油工业怪物的雇佣兵。为了石油工业怪兽的贪婪和利润，美国军队将被拖入一场又一场的地区战争。美国的纳税人将继续资助"敲诈勒索的价格"，这使得ARAMCO可以继续在沙特阿拉伯抽取石油。现在需要的是美国人民的伟大觉醒。就像古老的宗教觉醒一样，需要一种法律和秩序以及对美国宪法的热爱的精神来扫除这个曾经伟大的国家，并将其恢复为一个由法律而非人组成的国家。

现代强盗大亨们正以其漫长历史中最无耻的方式在泵上诈骗美国人民。石油卡特尔冷酷无情，组织严密，不容忍政府的干预，无论是美国政府还是其他国家。美国纳税人被迫承担通过政府中的代理人向沙特统治家族支付的贿赂费用，这些费用是他们购买和支付的，并且在你每次给汽车加油时仍在支付。

美国人需要知道这个巨大的卡特尔是什么，它藐视许多国家的法律，包括他们自己的法律，有了知识就会有采取纠正行动的愿望，并有公众的呼声，迫使立法者打破垄断。这个卡特尔的背后是中央情报局（CIA）的力量。任何反对这个叱咤风云的卡特尔的人都不可能是安全的。他们把"大盗窃，汽油"强加给美国人民，而我们在华盛顿的民选代表没有任何有意义的反对。这是一部超越现代历史上任何行为的腐败史。

要**么众**议院和参议院不会采取任何行动来阻止富豪们消耗我们的生活，要么他们对自己的权力如此恐惧，以至于不会做出**哪怕是最**轻微的尝试来限制它。

让美国石油工业制作图表，想怎么说就怎么说；让他们的经济学家解释为什么我们要承担他们的商业成本；解释那些见不得人的交易；解释为什么美国人民要支付从事维护其垄断的中央情报局的工资，但当我们了解事实时，就会发现他们的努力相当于一个大谎言！。

事实是什么？由于卡特尔操纵税法的方式，自1976年以来，美国没有建造新的炼油厂，而在沙特阿拉伯，由于美国向沙特王室支付贿赂的税收，数十亿美元被投资于扩大石油设施。

从1992年到今天，不少于36家美国炼油厂已经关闭。从1990年到今天，美国石油钻井平台的数量已经从657个下降到153个。在美国，从事石油勘探的美国人在十年间从40.5万人下降到29.3万人。那么，我们使用的数量越来越多的石油来自哪里？中东地区!因此，我们受到了三次打击。

- 美国的税收结构使独立的钻探者不可能继续从事石油勘探业务。

- 成品的提炼和分销是一种垄断。

- 这种背叛的受益者是ARAMCO公司，它可以对来自沙特的汽油收取更多的费用，并以牺牲美国驾车者的利益为代价获取暴利。

他们的勒索行为使得美国所有黑手党   "家族"的财富就像零钱一样，这也许使石油卡特尔成员成为勒索者。为什么不对石油行业执行RICO法？多亏了他们在立法机构的特工，几十年来，他们一直能够以   "偷气"的方式逃脱。

让立法者处理这个令人遗憾的案件，并结束加油站猖獗的盗窃行为，由于他们的沉默，这已经成为美国的一个永久特征。有一点是肯定的，石油卡特尔的敲诈者不会停止，直到他们把每加仑4.5美元的价格强加给我们。

第十七章

洛克菲勒向国务院投诉 英国入侵伊拉克

英国和美国对伊拉克石油的欲望可以追溯到1912年，当时被傀儡法庭绞死的大坏蛋总统萨达姆-
侯赛因还没有出生，荷兰皇家壳牌公司的创始人亨利-
迪特丁已经在一些产油国获得了石油特许权。1912年，迪特丁通过收购一些大大小小的石油公司，包括加利福尼亚油田公司和罗克萨纳石油公司，开始对美国在加利福尼亚的石油利益感兴趣。

自然，约翰-D-
洛克菲勒的标准石油公司向国务院提出了对迪特尔丁的投诉，但迪特尔丁允许标准石油公司购买壳牌公司在加州公司的股**份**，**以使投**诉失效。老约翰-
D似乎没有意识到，急于接受德特丁的报价，他是在补贴**壳牌公司占**领美国市场的努力。但一切都在1917年发生了变化，威尔逊总统公然违反他的誓言，将美国拖入第一次世界大战。

突然间，一夜之间，曾经攻击标准公司，特别是攻击荷兰皇家**壳牌公司的德特丁的英国**，转身就走。作品中的反派变成了德皇威廉二世，亨利-
德特丁突然变成了一个重要的盟友。

就在这一转变的前一年，英国公然违反国际法入侵伊拉克，但在到达**摩**苏尔时却被法国抛弃，而法国军队并不支持英国入侵者。法国没有**帮助英国人**，**而是与土耳其**签署了一项协议，将摩苏尔油田的一部分割让给后者。想象一下，这些侵略者的胆子有多大？他们称斯大林为"独裁者"，但没有人比英国、法国、土耳其以及最近的美国对伊拉克采取更多的独裁行为。

所谓的伊拉克石油窃贼之间的争吵一直持续到1920年4月24日的**圣雷莫会**议，在这次会议上，英国、法国和土耳其同意将摩苏尔的大部分割让给英国，以换取有关石油集团的某些考虑，该集团不包括伊拉克，伊拉克也没有从中得到任何好处。在任何时候都没有与伊拉克政府协商。

1920年5月，国务院前往美国国会投诉英国夺取摩苏尔和其他几个重要油田。并不是说国务院关心伊拉克人民的权利。我再说一遍，在伊拉克的土地和石油财富被分割并卖给出价最高的人--石油**卡特**尔的成员时，从来没有人咨询过伊拉克。相反，国务院关注的是，约翰-D-洛克菲勒和标准石油公司被完全排除在摩苏尔 "交易"之外。

国务院游说并推动在洛桑召开新的多党会议。在表面上同意与美国和其他 "感兴趣的国家"会面的幌子下，英国人借机对伊拉克发动了新的入侵，这次英国军队成功抵达并控制了摩苏尔。最后，英国终于将大奖拿到手了!世界新闻界对这种无耻的侵略行为只字不提。

如果说对英帝国部队在南非无情地寻求从南非德兰士瓦共和国手中夺取黄金控制权的侵略行为还有任何疑问的话，那**么多年后英国武装部**队在伊拉克的行动就打消了这个疑问。

塞西尔-约翰-罗兹代表他的主人罗斯柴尔德家族开始的对黄金的追求，现在正在伊拉克重演，这次是为了"黑金"。并没有试图邀请伊拉克到洛桑来软化 "原油大盗

"的形象。事实上，英国媒体正为所谓的白厅外交的成功而幸灾乐祸。

无论土耳其如何努力，它都无法将英国从它认为的对伊拉克石油的合法权利中赶走!想一想吧。**直到**1921年4月23日，在第二次洛桑会议上，土耳其才承认英国对摩苏尔拥有它所描绘的

"合法占有"，而这并没有得到摩苏尔所属的伊拉克人民的同意。因此，仅仅凭借其优越的军事力量，英国就夺取了摩苏尔和超级富饶的阿瓦兹和基尔库克油田。

难怪《伦敦*金融时报*》的英国记者会感到高兴。

> 我们英国人将满意地知道，三个彼此相邻的巨大油田，能够多年供应帝国的石油需求，几乎完全由英国企业开发。

> 资料来源：《伦敦*金融时报*》。
> 伦敦的大英博物馆

但英国的胜利是短暂的。当国际联盟被愤怒的法国、俄罗斯和土耳其强迫重新召开会议时，它拒绝承认英国的武装侵略和对摩苏尔的收购是合法的，并将该城市归还其合法的主人，即伊拉克人民。从那时起，英国和美国就一直试图从伊拉克偷走摩苏尔，今天对伊拉克的战斗就是希望他们的梦想能够成为现实。

也许我们现在会对老布什为什么命令美国军队进攻伊拉克有一个更平衡的看法，尽管他一定知道他没有国会的授权，因此违反了他的就职誓言和国际法。美国众议院和参议院未能通过切断资金来阻止这一非法行动，他们不敢采取这一宪法行动；害怕300人委员会的报复。恐惧对国家的命**运起着巨大的作用。恐惧并没有消失。**当罗斯柴尔德家族命令一群人**吓**唬法国政府接受他们对国家进行金融控制的条件时，一大批无情的共产党人冲向巴黎下议院。法国政府被这种武力展示吓坏了，向罗斯柴尔德家族的要求屈服了。似乎美国国会发现自己处于同样的困境--

太害怕石油**卡特**尔而不敢对其采取行动。如果美利坚合众国不是由300人委员会、罗斯柴尔德家族、洛克菲勒家族及其石油**卡特**尔领导，由国际银行家的力量支持，如果美国**众**议院和参议院的这么多关键成员不是由对外关系委员会（CFR）支配，美国**众**议院和参议院就会停止对伊拉克的**种族屠**杀战争。我们得到的以下部分名单是2006年的，但它在一定程度上表明了CFR的控制，在过去的两年里，这**种控制肯定有所加**强。

白宫	5
国家安全委员会	9
国务院	27
在国外服务的美国大使	25
国防部	12
武装部队的参谋长们	8
司法部	6
参议院	15
众议院	25

由于美国**众**议院和参议院没有向伊拉克宣战，也没有以具有约束力的宣战形式给予适当的宪法同意，1991年和2003年对伊拉克的入侵显然是非法和不合法的，并使美国变成了一个由所有强盗的教父--

石油**卡特**尔大亨控制的强盗国家。以 "我们为石油而战"为座右铭的石油卡特尔人并没有忽视其他地区：中国、阿拉斯加、委内瑞拉、印度尼西亚、马来西亚和刚果。会轮到他们的。

第十八章

环境使阿拉斯加输给了石油

1997年4月，《世界新闻报》报道了一项
"交易"，其影**响和范**围远远超过正在进行的任何交易。为
了让推动交易的说客汤米-博格斯和州长托尼-
诺尔斯成功释放阿拉斯加州立公园下的巨大石油储备，供
英国石油公司（BP）最终开采，他们需要内政部长布鲁斯-
巴比特的充分合作。

诺尔斯在白宫的一家 "**咖啡**馆 "与克林顿总统讨论了汤米-
博格斯的游戏计划，并在1995年1月被邀请在那里过夜。随
后，阿拉斯加副州长弗兰-乌尔默在另一次这种无休止的
"**咖啡会**
"上详细介绍了游戏计划，这次是在1996年2月28日上午在
白宫地图室举行的，相当合适。

在**确定了行动方针**--
将阿拉斯加的国家石油储备卖给英国石油公司，英国石油
公司将用这些石油来满足中国对原油日益增长的需求--
之后，诺尔斯开始大肆宣扬，把他1996年的国情咨文作为
一个论坛。

> 就在五年前，他们说我们会把这个在本州雇用最多人的
> 行业的灯关掉。今天，我们的座右铭应该是那张老式保
> 险杠贴纸：'主啊，让石油再繁荣一次吧，我向你保证
> ，我们不会把它搞得一团糟'。"

诺尔斯的祈祷得到了回应：2月7日，内政部长布鲁斯-

巴比特（Bruce Babbitt）**适**时出现在击球区。趁着风头正劲，巴比特试图为本末倒置找借口--

首先应该对拟议的新钻井区进行环境研究，巴比特说他将**确保**环境得到尊重，尽管他现在已经准备好批准该企业，而任何研究都还没有开始，更不用说完成。

巴比特宣布了**一种与石油工业独裁者做生意的新方式**，同时将国会置于不顾《国家环境政策法》的位置，该法明确规定，在国家公园土地上开始任何钻探之前，必须进行此类研究并向国会报告。带着他积极的光环，巴比特告诉阿拉斯加和全国的人民。

> 我们希望打破对抗性的风格，看看我们是否能建立一种与石油行业做生意的新方式。我认为我们有很多的可能性。

同样，也没有提到最终受益者是英国石油公司（BP）。巴比特所指的 "我们 "是巨头壳牌石油公司和一群跨国石油公司，这些公司一直对他们经常不遵守的国家的法律表示蔑视。

石油**卡特**尔把 "我们有 "放在了一个**正确的位置上，并毫无疑**问地证明了它是一个贪婪的集团，一个阴谋集团，能够不顾其行动的后果而造成巨大的伤害，并始终实现其目标，无论谁反对它或它如何威胁美国国家安全。

国会有宪法义务将现代强盗大亨带到特别委员会，以保护美国人民的重要资产，并对向中国这个共产主义国家出口阿拉斯加石油提出严重反对意见。但国会在履行其职责方面却惨遭失败。

巴比特继续扮演着这样的角色，他说。

> 今年夏天，我想去实地考察国家石油储备的每一平方英寸（2300万英亩）。我打算飞到安克雷奇，在巴罗换飞

机，然后在必要的时间内消失在NPR中，了解**每一个地**质结构，每一个湖泊，检查每一个野生动物问题，这样我就可以准备好以有意义的方式参与这个过程。

这是一个完美的例子，说明美国人民是这个星球上最同流合污和受骗的人。当我们考虑到探索2300万英亩的
"**每一寸土地**
"需要多长时间时，我们可以看到巴比特的意图声明是多么具有误导性。国家石油储备（NPR）有印第安纳州那么大，但部长没有解释他如何提议
"探索**每一寸土地**"，也没有解释他如何能够承受离开办公室至少一年的时间。秘书是否会在英国石油公司代表的陪同下，将整个普拉德霍湾锁起来，小型石油勘探公司将被立即赶出该地？

美国人民很快就会发现。DNR即将成为BP、**壳牌（世界上最大的两家外国石油公司）**、美孚、ARCO和怀俄明州杰克逊霍尔其他阴谋家的专利，为　　　　　　　　　"七姐妹"的利益服务。这显然是一个利益高于美国国家安全的案例。在其他时代，这将被称为叛国。

然后，克林顿总统成了石油卡特尔的个人财产，他代表他们的谢幕演说就是证明。

许多美国人不知道，但美国生产的石油和天然气有很大比例来自联邦土地。到目前为止，监管的**繁文缛节**和相互矛盾的法院裁决使许多公司不愿意充分利用这些资源。

他还应该指出，阿拉斯加的石油交易涉及我们国家紧急储备的石油，而这些石油是不能动的。它是我们的国家战略储备之一!随之而来的是美国历史上最大的骗局之一，这个骗局让茶壶穹顶丑闻相形见绌，而恰恰是ARCO在1969年**吞并了哈里-**
辛克莱尔的老公司。克林顿所指的是在1996年国会104年夏季会议的最后几天进行的诡计、欺骗、奴役。本届国会在

没有任何新闻界的阻碍，没有任何环保组织的抗议，没有任何ABC、NBC、CBS或任何其他媒体豺狼的抗议的情况下，通过了有史以来玷污权力殿堂的最傲慢的标题和误导性的法案之一，"联邦石油和天然气简化和公平法案"。这项法案是侵扰国会的石油说客的杰作。

公平法案
"所做的是把钱源源不断地注入大石油公司已经满员的库房。正如我之前所说，这一丑闻使 "茶壶穹顶"丑闻黯然失色，与《联邦石油和天然气简化和公平法》相比，这只是一件小事。

该系统的运作方式是，已经宣布暂停联邦审计，为期七年，对从联邦土地上开采的石油向财政部支付特许权使用费。不仅如此--
我们不得不揉揉眼睛，以确保我们所读的内容确实在法律中--有一个条款规定，石油公司可以起诉联邦政府 "多付"的特许权使用费！"。而这还不是全部。该法允许强盗大亨们为从属于美国人民的联邦土地上开采的石油制定自己的
"公平市场价格"。也许读者不会相信这个惊人的条款？我也不知道，但在读了几遍该法案后，我看到它说的正是它要做的事情：允许世界上最大的两家外国石油公司（英国石油公司和**壳牌公司**）**在国会的金字招牌上**获得大量利益。

原油的市场价格决定了石油公司必须向联邦政府支付的特许权使用费数额，但国会批准的一项法律条款允许石油公司自行设定价格，这在未来几年将剥夺公民数十亿美元的特许权使用费。这是一个开始类似于1912年《联邦储备法》的骗局。这就是密谋者在杰克逊霍尔举行的会议的议程，克林顿在会上扮演了和蔼可亲的主持人的角色。因此，为了相对较少的竞选捐款--
在ARCO公司的情况下为35万美元--
数十亿美元被交给了那些要为中国参与阿拉斯加石油骗局

的大石油公司。可怜的美国人民，在国会中没有一个领袖，没有一个为美国的利益挺身而出的冠军；任由一群超级骗子摆布，他们实行一套，宣扬一套。当克林顿发誓要否决任何向钻探者开放1700万英亩北极荒野的法案时，他们**怎么可能知道他**们是多么的受骗，而他的另一只手，在他的背后，为一个更丰富的奖品打开了大门，即国家公园保护区下的石油，专门为国家应急燃料保留。

在怀俄明州杰克逊霍尔举行的会议，是洛克菲勒家族的游乐场，目的是为石油-中国交易**奠**定基础。克林顿总统扮演了亲切的主人角色，向他的**尊贵**客人宣布了他的意图，对如此受人尊敬的人物同意享受他的款待感到高兴，这种环境非常像黑手党教父将"家族"首脑聚集在他位于太浩湖畔的庄园，并将他们作为皇室成员接待。事实上，如果场地是巴尔莫勒尔城堡，皇室成员不可能做得更好。

因此，在向中国领导人承诺他们将拥有来自我们阿拉斯加国家紧急储备的石油的仅仅几年后，克林顿政府就兑现了其承诺。不要指望共和党会在英国石油公司、壳牌公司、美孚公司和ARCO公司的交易上出尔反尔。石油政策不分党派。大钱是流动的。看看在越南战争高峰期发生了什么。

为了换取越南沿海的石油特许权，洛克菲勒的标准石油公司派医生到越南北部的海防为病重的胡志明看病。这些是美国医生，他们本应以叛国罪受到审判。我们没有第二个消息来源进行核实，但该消息来源表示，基辛格事务所促成了这笔交易。无论如何，在这里，我们的美国人在战时与敌人交易，而我们的士兵在南越的丛林和稻田中死去。看看石油**卡特**尔的傲慢。他们已经知道美国要输掉战争了！这怎么可能发生呢？仅仅是因为亨利-基辛格不得不去巴黎与北越**达成**"和平"协议，而北越已经知道他去巴黎的日期，并且准确地知道他将如何把越南抛弃给共产主义控制。

老布什从一开始就参与其中，在整个战争期间与基辛格保持良好的**关系。基辛格可以被称**为叛徒，但他是在为一位共和党总统服务。石油人乔治-
布什被派往中国并非偶然，因为还有其他更有资格的人可以做这项工作。但布什了解石油行业，而石油是中国需要的东西。

在访问中国回来后，布什为中国政府并代表中国政府启动了车轮，中国政府被许诺获得阿拉斯加石油的绝大部分份额。现在我们从中东转移到阿拉斯加，在那里我们发现石油**卡特**尔无视法律，忙着抢劫美国人民的阿拉斯加石油储备；再次证明，似乎需要证明，石油卡特尔是自己的法律，是这个星球上任何政府无法企及的。

中国在贪婪的石油行业中有许多身居高位的好朋友，他们不知道也不尊重国家和国际边界或国家主权。

ARCO就是这样一个朋友，它在300人委员会的企业阶梯上高高在上，它和300人委员会的另一个石油公司皇冠上的明珠BP一起，**开始**谋划和策划将阿拉斯加的原油运到上海郊区巨大的镇海炼油厂，该炼油厂已经准备开始运营。

罗德里克-
库克是ARCO公司的前首席执行官，就像那些永不褪色的老兵或政党领袖一样，库克在1996年很活跃，为他的老朋友、来自阿肯色州的 "外来者 "比尔-
克林顿的连任进行竞选。1994年，在库克让托尼-
诺尔斯当选阿拉斯加州长的同一年，他被邀请到白宫与比尔-
克林顿一起庆祝生日，克林顿给他的朋友一个巨大的生日**蛋糕，然后允**许他与商务部长罗恩-
布朗一起前往中国，在那里**两人告**诉中国政府，ARCO将在新的镇海炼油厂投资数十亿美元。在回答中国政府代表团的问题时，消息人士说，库克向他们保证，尽管在1994

年8月，阿拉斯加石油的出口被永久禁止，但镇海炼油厂还是可以使用阿拉斯加原油。在布朗-库克的中国之行大约一年后，ARCO的政府事务总裁罗伯特-希利被邀请到白咖啡馆与阿尔-戈尔和当时的民主党全国委员会财务主席马文-罗森喝咖啡。为了表示对ARCO的感谢，希利给DNC留下了32,000美元的 "小费"。

这就是前民主党主席查尔斯-马纳特（Charles Manatt）和马纳特、菲尔普斯和菲利普斯公司（Matt, Phelps and Phillips）的董事，米奇-康托尔以前的母校，一家迎合大石油公司（EXXON, Mobil, BP, ARCO and Shell）并为其打掩护的游说公司，就在这里。1995年5月26日，马纳特被邀请到另一个白宫咖啡馆与克林顿会面。

马纳特公司支付了117,150美元作为感谢，然后，当然是相当独立的，康德作为克林顿内阁的成员，提高了声音，要求解除对出口阿拉斯加石油的禁令。直到现在，联邦法律还禁止从国家石油储备中出口石油，因为它应该是为国家紧急情况而储备的石油。

在我1987年出版的《环保主义：第二次内战已经开始》一书中，大石油公司被揭露是 "地球第一 "和 "绿色和平"环保运动的最大贡献者。详细解释了几十年来对环保运动的支持与大石油公司捐助的大量资金之间明显矛盾的原因。在**涉及石油用地**时，环保主义是一种诡计。

大石油公司希望国家保护区的土地（其中大部分含有巨大的石油储量）不被 "外人"发现，以便在时机成熟时，他们可以以低廉的价格进驻并接管国家公**园土地下的石油**储备。就阿拉斯加的国家野生动物保护区而言，这一天在1996年到来。虚伪的石油巨头们对这些地区的生态或野生动物保护几乎没有表现出任何**关注，他**们在普拉德霍湾的所作所为就是证明。

1996年，著名的说客汤米-
博格斯被召来为解除对阿拉斯加原油的禁令出谋划策。博格斯是已故参议员黑尔-
博格斯的儿子，他于1972年在阿拉斯加荒野的神秘失踪事件从未得到解决。汤米-博格斯是巴顿-
博格斯律师事务所的首席华盛顿游说者，他的客户包括ARCO、EXXON、BP、Mobil和Shell，而巧合的是，他是比尔-克林顿的高尔夫密友。

作为一个强大的说客，博格斯被认为主要负责让第104届国会推翻对阿拉斯加原油出口的禁令，因此在1996年克林顿签署了一项行政命令，解除了禁令，正如罗恩-
布朗和洛德维克-
库克两年前向中国政府承诺的那样。人们必须是盲目的，才能看到剥夺国家的阿拉斯加石油储备的行动是在1994年启动的。1996年，在白宫的 **"咖啡会"** 之后，克林顿总统给参与中国和阿拉斯加的大石油公司以**惊人的**赏金。新闻界应该对这一卖国行为大喊大叫，但丹-拉瑟、彼得-**詹宁斯**和汤姆-布罗考，更不用说拉里-金，对这一重大事件像坟墓一样沉默不语。克林顿悄悄地，没有大张旗鼓地结束了在阿拉斯加荒野下出口我们的石油储备的禁令，并给石油巨头们免费提供了数十亿美元的礼物。

1996年，石油和燃料价格处于历史最高水平，克林顿和他的控制者忙于出卖美国，践踏我们的权利，以换取对其连任竞选基金的大量现金捐款。

汤米-博格斯预见到了这场国家灾难--但他并没有这么说--给他的客户写了一份备忘录，预测他将使国会取消对阿拉斯加石油出口的禁令。

但这并不是美国人民收到的唯一震惊；在1996年国会夏季会议的最后一天，克林顿还签署了《联邦石油和天然气简化和公平法》。顾名思义，这个法案是为了误导，是另一

种形式的大规模欺诈。"公平
"的部分并不是为了让美国人民受益。事实上，该立法是克
林顿政府对美国人民的彻底背叛。换句话说，该立法是为
了在石油价格上做文章，公司必须向联邦政府支付使用费
。

这种大规模的、政府认可的对美国人民的敲诈，让石油巨
头们完全免费地获得了数十亿美元。这项法律是石油工业
有史以来最大胆的日光抢劫之一。而在整个大盗窃案中，
媒体的豺狼们--包括印刷和电子--
一直保持着死一般的**沉默**。

这就是阿拉斯加州长托尼-
诺尔斯的作用。我们不要忘记，在1996年的选举中，ARC
O提供了35.2万美元的捐款。1994年，诺尔斯收到了32,000
美元，这促成了他当选为阿拉斯加的第一位民主党州长，
可能也是白宫里第一个睡觉的州长，这都是全球偷窃美国
人民的**阴**谋的一部分。

第十九章

利比亚的石油和泛美航空的爆炸案

这并不是大石油公司挪用阿拉斯加石油的故事的结束。相反，这是一个正在进行的传奇故事的第一章，它将以美国人民作为失败者而告终，而中国和石油卡特尔则带着数十亿美元的非法掠夺离开。

我们的石油工业传奇的下一章发生在利比亚，因为无畏的**卡特**尔成员从不睡觉，总是在行动，他们的口号是"我们为石油而战"，他们早就把利比亚的石油视为一种福音，只要他们能得到它。事实证明，利比亚领导人穆阿迈尔-**卡扎菲不**仅仅是石油卡特尔们的对手，由于他们废黜卡扎菲的所有努力都失败了，他们正在不断寻找新的方法和机会。

他们不可能给他下毒；卡扎菲总是让人尝尝他的食物。刺杀会很困难，因为他只和他信任的卫兵一起旅行，不受贿赂，而且从不使用公共交通工具。然后，出乎意料的是，泛美航空103号航班被炸，在苏格兰洛克比上空坠毁，机上270人全部遇难，机会来了。在中情局的帮助下（像往常一样），贩毒集团的人开始工作。

为了从合法的所有者手中夺取对利比亚石油的控制权，石油**卡特**尔的人抓住机会将泛美航空103号航班的悲惨爆炸事件归咎于穆阿迈尔-**卡扎菲**。为了追求他们的目标，石油卡特尔的人轻易地说

服了罗纳德-

里根总统，认为美国空军轰炸利比亚首都的黎波里是可取和必要的。为此，美国的轰炸机从英国的基地起飞，它们**确**实轰炸了的黎波里，公然违反了美国宪法、1848年的中立法案、日内瓦四公约以及美国签署的关于空中轰炸的海牙公约。这就是石油卡特尔的力量，对一个美国从未宣战的国家，一个从未对美国进行过经证实的交战行为的国家的这种违宪攻击，没有被谴责为非法行为，而是被美国人民（长期以来是塔维斯托克研究所的地狱式洗脑机器的受害者）和新闻界的豺狼所欢呼。卡扎菲在这次袭击中失去了一名家庭成员，这粉碎了他保持利比亚独立的决心。泛美103航班的悲剧永远不会得到充分的解释，因为美国和英国政府掌握的庞大宣传机器将确保这一针对美国人民的罪行的真相永远不会被揭露。本杰明-

迪斯雷利在1859年的观察，莱昂内尔-

罗斯柴尔德的代理人，是值得引用的。

> 所有的重大事件都被歪曲了，大多数重要的原因都被掩盖了，一些主要的行动者从未出现过，而所有出现的人都被误解和歪曲了，结果是完全的神秘化。如果英国的历史有一天被一个有知识和勇气的人写出来，全世界都会感到**惊奇**。

英国和美国政府已经展示了他们以最令人信服的方式进行推诿和混淆的不寻常能力。这种才能并不新鲜，但它被惠**灵**顿宫的工作人员大大磨练了一番，罗斯柴尔德家族的亲戚伯纳斯是该宫的首席宣传员。这个伟大的宣传工厂是在第一次世界大战开始时开发的，以抵消英国人民对抗德战争缺乏热情的情况。

泛美航空103号爆炸案的故事始于7月3日，一架载有290名乘客的伊朗航空公司空中客车在前往麦加朝觐的途中被美国海军文森舰击落。这架从伊朗阿巴斯港民用机场起飞的空中客车刚刚达到巡航高度，就被美国海军"文森"号导弹击中。空中客车坠毁，机上所有人死亡。文森斯号的机组人员是否知道其目标是一架民航客机？所有被咨询过的人都无一例外地确认，这架空中客车不会被误认为是民用客机以外的任何东西。愤怒的霍梅尼保持了相对的平静，但他已秘密命令**帕斯达**兰（秘密服务）的负责人选择四家美国航空公司作为报复性袭击的目标。帕斯达兰的负责人向阿里-阿克巴-莫赫塔舍米报告说，他已选择泛美航空作为目标。

该计划于1988年7月9日在德黑兰提交给莫赫塔希米，并由他批准立即采取行动。然后，它被移交给前叙利亚军队军官艾哈迈德-贾布里尔上校，他在已故总统哈菲兹-阿萨德的保护下，指挥总部设在大马士革的解放巴勒斯坦人民阵线（PFLP）。

当贾布里尔以泛美航空公司103号航班为目标，从德国法兰克福起飞，经停伦敦--最终目的地是纽约--的时候，就已经铸成大错。虽然英国和美国后来否认了这一点，但吉卜力本人声称得到了1,000万美元的报酬来执行他的任务，一些报道称中央情报局确实追踪到了1,000万美元的转账到吉卜力持有的一个编号的瑞士账户。

吉布里尔的专长是毋庸置疑的：他被称为炸弹大师，自1970年以来对英国、瑞士和美国的飞机进行了一系列的炸弹袭击。此外，贾布里勒对他的炸弹开关感到非常自豪，这些**开关上有他自己的品牌和启**动方法，据情报专家称，这使得他的 "作品 "无可争议。

两名利比亚国民阿卜杜勒-巴塞特-阿里-梅格拉希和拉门-哈利法-菲玛被指控犯有爆炸罪，尽管他们没有制造炸弹的经验，也没有制造如此精密炸弹的设施。从来没有任何积极的证据，没有任何证据可以将炸弹和泛美103航班的坠落与这两名被告联系起来。相反，有充分的证据表明，爆炸事件是吉布里尔和人阵所为。已经明确的是，吉布里尔的团队包括炸弹制造专家哈菲兹-**卡西姆-达**尔卡莫尼和阿卜杜勒-

法塔赫-

加丹法尔，他们都住在德国的法兰克福。10月13日，**达尔卡莫尼与另一位炸**弹制造专家马尔万-阿卜杜勒-

赫里萨特（Marwan   Abdel
Khreesat）会合，他的住所在约旦的安曼。赫里萨特在叙利亚军官和人阵中被称为最好的

"爆炸专家"。不仅如此，赫里萨特最近开始为两边工作--他也是德国情报部门--BKA的线人。我在1994年以

"PANAM   103，一个致命的欺骗痕迹
"为题发表了完整的故事。

一场针对利比亚在爆炸事件中的责任的国际诽谤和诋毁运动已经展开。除了被指控犯罪的两个利比亚人的名字外，从未提供任何事实依据。当利比亚拒绝将   "被告"移交给苏格兰法庭时，国际社会开始抵制利比亚原油的销售，同时对利比亚展开了自第二次世界大战以来从未见过的口水战。

如前所述，印象深刻的里根总统很容易被说服，同意对的黎波里进行轰炸。利比亚在外国银行的所有资产，只要是能找到的，都被冻结。事实上，对该国发动了一场全面战争。一架从苏丹飞往的黎波里的利比亚民用飞机被

"不明势力

"击落，他们误以为卡扎菲在飞机上。利比亚和西方之间的所有贸易都被中断了。

利比亚被错误地指控为制造

"大规模杀伤性武器"，并被列入国务院的国际恐怖主义官方支持者名单。与此同时，国际上要求利比亚向英国或苏格兰移交这两名   "嫌疑人
"的呼声仍在持续，并且更加强烈。针对利比亚的疯狂和无根据的指控来自各方。与此同时，利比亚继续向西欧和俄罗斯出售石油，但一些国家，如法国和意大利，开始反感这些限制，并私下协商结束抵制行动。但英国和美国对此不屑一顾，罗宾-

库克（英国外交大臣）告诉欧盟各国部长，卡扎菲已经同意交出这两名

"嫌疑人"，条件是他们必须在苏格兰法庭受审，卡扎菲最初将这一宣布称为

"谎言"。俄罗斯已经开始增加对利比亚原油的购买，以至于英国和美国已经意识到，抵制行动不会再有什么效果了。

一组美国谈判人员前往的黎波里，与卡扎菲达成协议，让**两个大国挽回面子**，让利比亚脱身，同时表面上遵守将两名　　　　　　　　　　　　　　　　　　　　　　　"嫌疑人"移交给中立地区的苏格兰法院的要求。这将满足穆斯林的法律，即利比亚公民永远不会被引渡到指控他们犯罪的外国接受审判，这是一个可以期待的狡猾的头脑的解决方案。

苏格兰法庭
"在荷兰的齐斯特营开会，因为荷兰不在寻求起诉这两名利比亚人的指控国家之列。这就解决了穆斯林法律的问题。齐斯特营被宣布为

"苏格兰领土"，其魔术表演将使拉斯维加斯感到自豪。这**两名**　　　　　　　"嫌疑人"　　　　"随后　　　　　　　"自愿"接受审判，并确定了对他们进行诉讼的日期。

为什么管辖权是苏格兰法律？答案是，除了诉因在苏格兰产生这一事实外，苏格兰法律还允许第三种特别裁决，即"未证实"，它位于有罪和无罪之间。卡扎菲得到保证，检方提出的证据将不足以给利比亚人定罪。因此，虽然"正义"将被视为得到了伸张，但利比亚人将获得自由。但承诺并没有兑现。

这就是审判的背景，它以爆炸性的方式开始。检察官对梅格拉希和哈利法的起诉很薄弱。辩护律师一直等到审判开始时才宣布他的辩护。他们将提出证据，证明贾布里尔和人阵实施了袭击，并传唤32名证人来支持他们的辩护。与

我交谈的专家认为，如果事实证明人阵的证人确实要出庭，审判将以 "未经证实"为由停止。英国和美国最不希望看到的是所有事实在公开法庭上被**揭露**。作为 "合作"的交换条件，卡扎菲得到保证，对利比亚的抵制将被取消，利比亚的原油龙头将再次打开。

主要受益者当然是石油**卡特**尔的成员。对令人发指的泛美航空犯罪负责的真正恶棍从未被起诉。美国海军 "文森"号战舰和它摧毁的伊朗空客呢？这也是影子政府所做交易的一部分。官方会说，文森斯号的船员错误地认为他们受到了一架军用飞机的攻击。

唯一受益的是石油**卡特**尔，他们几乎立即开始从销售利比亚原油中获得巨大利润。至于那些死于贾布里尔的人阵之手的亲属，他们没有得到十二年来一直寻求的解决，尽管官方的判决认定两名无辜的人犯有令人发指的攻击。

还应补充一点，即乔治-布什和玛格丽特-撒切尔在确保为以后可能要求对泛美103航班爆炸案进行的任何全面调查提供掩护方面所发挥的作用。苏格兰议员汤姆-**达利**尔告诉众议院说

> "英国和美国当局对查明真相不感兴趣，因为这将使他们感到不舒服。"

达利尔是单枪匹马起诉撒切尔的议员，因为她命令英国潜艇在国际水域鱼雷击沉阿根廷游轮 "贝尔格拉诺"号的犯罪行为，这显然违反了《日内瓦公约》。

由于**达利**尔的坚持，撒切尔失去了控制者的信任，被迫黯然**离任**，过早地退出了公共生活。毫无疑问，如果真相大白，遭受最尴尬的两个人将是乔治-布什和玛格丽特-撒切尔。随后，在科威特和伊拉克边境上演了一场不同的恐怖主义。腐败的独裁者萨巴赫政权赢得了一场伟大的胜利，它说服乔治-布什命令一个文明的基督教国家通过代理人向已经遭受苦

难的伊拉克再次投放巡航导弹，作为对所谓的刺杀老布什企图的集体惩罚。并非所有人都接受无情的萨巴赫独裁者的说法，即所谓的布什暗杀阴谋是真实的。许多国家对Al Sabah的主张的有效性表示严重怀疑。以下是一位情报人士的说法。

> ...据称萨巴赫家族持有的 "证据"将被任何美国或英国法院驳回。这些 "证据"是如此地被操纵，难怪美国政府不敢在公开场合披露。这起案件（据称是伊拉克国民企图杀害乔治-布什）是如此操纵和丑化，令人怀疑美国的堕落程度。如果有独立的参议员，他们应该要求克林顿在公开的委员会听证会上向他们出示证据，但当然克林顿没有证据，经不起在有证人宣誓的公开法庭上的审查，所以参议员能够推卸责任。

一位参加审判的观察员说。

> 被指控的伊拉克人是普通的走私者，没有情报或爆炸物的经验。很难找到一个更不可能的群体--如果伊拉克政府想要杀死乔治-布什，就不会雇佣这种人。这辆据称装有炸药的卡车实际上装满了违禁品，并在距离科威特大学数英里处被"发现"，而 "伊拉克情报人员"本应去那里实施刺杀乔治-布什的 "阴谋"。

针对这两名伊拉克走私犯的案件漏洞百出，被双关语、混淆视听和捏造的 "证据"所笼罩，如果不是如此悲惨，它将成为劳雷尔和哈代喜剧的一个好情节。美国调查人员采访了这两个人，他们承认试图对乔治-布什进行袭击，但在被告在萨巴赫家族手中时获得的任何口供都必须以最大的怀疑态度对待。科威特有着臭名昭著的酷刑、私刑、仇视外国人--尤其是伊拉克人--的历史，有着巧妙的宣传和赤裸裸的谎言。萨巴赫家族与当今世界上任何一个家族一样，都是残酷的、报复性的、独裁的和野蛮的。他们的话不可信。这整个事件有一种匆忙而笨拙地**拼凑起来的特技的味道，使其看起来像布什**处于危险之中。

在任何情况下，让我们暂时假设，这些会无能的恐怖分子来到科威特，打算暗杀乔治-
布什。那么，为什么伊拉克没有被带到联合国或海牙的国际法院？

如果布什和萨巴赫家族如此热衷于用联合国的衣钵来包装他们的行动，为什么美国和科威特不去海牙和联合国安理会陈述他们的情况？美国不应该参与这个残酷的骗局。在对这两个可怜的方便的替罪羊的   "审判"中，没有拿出一丝一毫可核实的证据。整个事件是一种耻辱，是**一种政治行为**，与犯罪的司法惩罚无关。

美国现在已经开始惩罚任何敢于与它持不同意见的国家，我们在   "强权即正义"这一可疑的前提下运作。我们正在成为世界上的头号恶棍。**众所周知，石油卡特**尔大亨们向一些国家支付了巨额资金以参与对伊拉克的非法战争。报告中列出了接受贿赂的国家，包括支付的金额。

其中一**份**报告涉及萨巴赫公司与著名的广告公司希尔和诺尔顿公司的交易，为此它获得了1000万美元的资金，以说服美国人民应该拯救萨巴赫公司的独裁者。

正是通过纳伊拉-萨巴赫（Nayira   Al Sabah）在参议院委员会面前训练有素、精心排练的谎言，希尔和诺尔顿在受控制的媒体的支持下，向美国推销他们**扭曲的案例。然后，一个非常可靠的消息来源**，即伦敦的《金融时报》，证实了1990年和1991年对萨巴赫独裁者及其美国亲信的指控。据7月7日《金融时报》报道，萨巴赫家族利用设在伦敦的科威特投资办公室（KIO）向愿意受贿的国家分发资金，以便在海湾战争中保卫科威特。金融时报》说，"在联合国用3亿美元为科威特买票"，这是在海湾战争最热的时候报道的。"这（联合国投票）为多国部队解放科威特提供了法律依据。"

被逮个正着的萨巴赫报对《金融时报》的文章进行了愤怒的反击。财政部长纳赛尔-阿卜杜拉-罗丹说。

> 无论是过去还是今天，科威特都没有采取过这些手段。这一指控旨在玷污该国的形象及其在1990年伊拉克入侵后重新建立主权的权利。

财政部长接着说，这3亿美元是从文化产业组织偷来的，肇事者只是想通过指责科威特购买选票来掩盖其行踪。负责任的参议院委员会有责任调查这些指控，更有责任找出美国为何与科威特的暴君同流合污，并两次向巴格达投放巡航导弹，而我们在宪法、法律或道德上都没有权利采取这种行动。即使在这么晚的时候，也绝对有必要向美国人民介绍关于科威特和伊拉克的真相，而石油大亨们决心阻止这种做法。他们会不惜一切代价保护萨巴赫的独裁者，并将继续在伊拉克问题上撒谎，只要能做到这一点。补救措施掌握在我们人民的手中。国会愿意向萨巴赫独裁者卑躬屈膝的方式，不啻为国家的耻辱。

第二十章

一个需要被讲述的故事

委内瑞拉的故事值得被讲述，因为它是一个极端贫困和极端富裕之间的不平衡比平常更明显的国家。委内瑞拉一直被石油**卡特**尔无耻地剥削和榨干，对国家和人民毫无益处。这就是1998年穷人被一位前伞兵乌戈-查韦斯联合起来，并被鼓励以创纪录的人数去投票的情况。查韦斯以压倒性的胜利当选为总统，震撼了石油卡特尔的主人。

一旦上台，查韦斯就不遗余力地履行其选举承诺。30年来在石油大亨口袋里的委内瑞拉国会被解散了。查韦斯谴责美国是全国穷人的敌人。新总统制定了一部与墨西哥爱国者**卡**兰萨总统通过的法律非常相似的油气法，该法从石油**卡特**尔手中夺取了对石油工业的控制权，并将其完全置于委内瑞拉人民手中。

然后，查韦斯对石油卡特尔最痛的地方--钱包--进行了打击，将外国石油公司支付的使用费提高了50%。国有的委内瑞拉石油公司经历了一次改组，使大多数亲美国的企业领导人失业。这对美国乃至世界其他国家来说都是一个打击。

委内瑞拉在石油行业中不是小角色。2004年，它是世界第四大石油出口国和美国的第三大原油供应国。委内瑞拉石油公司有45,000名员工，年营业额达500亿美元。这位声音如雷贯耳的前伞兵大胆地爬上了一匹野马的马鞍。最大的问题是需要多长时间才能让石油卡特尔大亨们推翻他的地位。通过控制这个大产业，查韦斯突然在世界舞台上确立了自己作为一个不可忽视的人的地位，就像摩萨台博士一样。

马拉开波是查韦斯的权力中心。石油工人强烈支持他，虽然缺乏资金，但在选举中占了多数。就像1922年12月14日从地球上迸发的巨大石油间歇泉（每天有十万桶石油泄漏到空中，持续三天才被控制住），石油工人需要被组织和控制。查韦斯将有很多工作要做，以阻止石油。

在接下来的四十年里，委内瑞拉从一个贫穷落后的南美国家变成了非洲大陆上最富有的国家之一。欧佩克的石油禁**运使委内瑞拉的国家**预算增加了两倍，吸引了在其国际水域游弋的掠夺性鲨鱼的注意。石油卡特尔的代理人劝说国家过度消费。国际货币基金组织（IMF）向委内瑞拉政府提供了大量贷款。

经济破坏的舞台已经搭建好了，它随着世界原油价格的崩溃而到来。委内瑞拉即将发现，那些穿着商务西装、拿着印有   "IMF "字样的公文包的好心人，也带着锋利的匕首。对委内瑞拉实施了最不可能的紧缩措施。结果，穷人不得不偿还贷款，国家的人均收入下降了近40%。

经典的石油卡特尔收购模式正在建立。怨恨和愤怒并存，直到压力再也无法遏制。骚乱爆发了，有二十多万人被杀。新兴的中产阶级受到的打击最大，大多数人在接下来的**两年里**沦为贫困。令人惊讶的是，查韦斯紧紧抓住了权力。美国是否会发起另一次   "克米特-罗斯福 "式的行动，或者该国只是被美国的军事雇佣军所占领？但是，当石油**卡特**尔正在权衡其选择时，911事件介入了。委内瑞拉不得不等待。但它并没有等很久。第一枪是由《纽约时报》打**响的**，**它把**查韦斯描绘成自由的敌人。美国评论员预测，大规模的劳工动乱将导致查韦斯的下台。任何有价值的分析家都能看出，伊朗的模式正被应用于委内瑞拉；事实上，华盛顿似乎并不打算隐藏这一点。

就像德黑兰的怀瑟将军一样，美国的鼓动者正在敦促石油工人罢工，他们也确实这样做了。*纽约时报》*几乎无法抑制其喜悦之情。尖叫的头条新闻宣布。

> 数十万委内瑞拉人今天涌上街头，宣布他们对全国性罢工的承诺，现在已经进入第28天，以迫使乌戈-查韦斯总统下台。最近几天，罢工陷入了某种僵局，查韦斯先生利用非罢工工人试图使他的国家石油公司的运作正常化。他的反对者在商界和工会领导人的带领下，说他们的罢工将把公司，以及查韦斯政府推向崩溃。

如果把克米特-罗斯福、中央情报局和怀瑟将军（扳倒伊朗国王的人）的计划叠加到加拉加斯的局势上，就会非常合适。美国训练的**挑衅者在工作。但**这次不是克米特-罗斯福，而是奥托-J-赖克，一个在危地马拉、厄瓜多尔、菲律宾、南非、智利、尼加拉瓜、巴拿马和秘鲁煽动革命方面有丰富经验的老牌乌合之众。在华盛顿，布什政府举起香槟酒杯，庆祝赖希在委内瑞拉的成功。但他们的庆祝是短暂的。乌戈-查韦斯，这位前伞兵，在石油工人中召集他最坚定的支持者，能够使军队站在他一边。莱克试图让军官团反对他们的总统的所有努力都落空了。莱克不得不夹着尾巴回来，匆匆飞往华盛顿。

72小时后，查韦斯总统牢牢控制了他的政府，并立即开始铲除特工奥托-雷奇的叛徒和雇**佣兵**。过早改换门庭的石油公司高管被驱逐出国，同时被驱逐的还有少数不忠诚的军官。其中两名政变领导人承认他们与赖克和他的华盛顿老板是同谋，被判处20年监禁。这一次，中情局不得不带着黑眼圈走人。

在**另一个国家，在石油卡特**尔大亨的攻击下，伊朗正在与光明教派的继承人进行一场战斗。随着原教旨主义领导人

阿亚图拉-

霍梅尼的上台，他们精心制定的计划取得了明显的成功，并成为今后攻击其他拥有令人垂涎的自然资源的选定民族国家的典范。

在这本书中，我们将研究谁是阴谋家，他们的动机是什么，以及他们通过摧毁沙阿并在他的位置上安装一个狂热的原教旨主义者获得了什么。我将试图揭开伊朗如何在石油工业现代化的基础上，重新回到它在沙阿领导下竭力摆脱的黑暗时代的谜底。

阴谋家们是18世纪秘密组织的继承人，其蓝图是由亚当-韦肖普特和他的光照会--

光照会所制定的。石油**卡特**尔中身为光照派成员的知名人士名单从未公开，但所有迹象表明，这是一个相当大的数字。我们在这里只限于简单介绍一下光照会的情况。

光明主义的目标是通过推翻现有秩序和摧毁所有宗教，特别是基督教，建立一个世界政府。它呼吁建立一个新的世界秩序，即印在美联储1美元纸币背面的 "Novus Seclorum"。它要求人类回到黑暗时代，在封建制度下，对世界上**每一个人**实行绝对控制。这样的制度在苏联试过，由共产党的封建领主管理，美国、英国和苏联几乎都复制了这样的制度，然后就崩溃了，因为它被认为是不可行的。乔治-奥威尔所警告的正是这种制度。

阴谋者有许多不同的名字：威尼斯黑人贵族、贵族和皇室、对外关系委员会、西尼基金会、方迪等。在过去的五个世纪里，无论是在欧洲、墨西哥、英国、德国还是美国，古老的家族都行使着绝对的权力。在苏联，旧的家族（"ras kolniks"）已经被推翻，取而代之的是一套新的、更加压抑的贵族。该计划是将所有国家置于 "300人委员会"的领导之下。

欧洲旧贵族的大多数成员都声称基督教是他们的信仰，但实际上他们并不相信基督教，也不实践其原则。相反，他们中的大多数人是邪教的崇拜者。他们不相信上帝真的存在。他们认为，宗教只是一种工具，用来操纵广大的普通人，从而维持他们对人口的控制。

卡尔-
马克思被错误地认为是说宗教是大众的鸦片。但这一学说早在几百年前就被制定和遵循了，是由经常参加基督教会的皇室家族制定的，外表上表现得很隆重，早在马克思被允许复制魏斯豪特的计划并声称是他自己的计划之前。

黑衣贵族密切关注的最古老的邪教之一是狄俄尼索斯邪教，该邪教认为某些人被安排在地球上作为地球的绝对统治者，地球的所有自然财富和资源都属于他们。这种信仰大约在4000年前扎根，当时和现在一样，其追随者被称为奥林匹亚人。

奥林匹克运动员是300人委员会的一部分。家族血统的延续和统治是奥林匹亚人的第一条信仰。他们坚信自然资源的稀缺性，特别是石油，是为他们保留的专属所有权。他们声称，石油资源正在被迅速扩大的   "无用的吃货"人口，即没有什么价值的人消耗和耗尽得太快了。奥林匹亚人与魏索普特的不同之处在于，魏索普特希望有一个正式的团体，一个新世家，一个机构，公开统治地球，而奥林匹亚人则选择了一个松散的组织，难以识别。今天的奥林匹亚人继承了魏索普特的遗志，他们有各种各样的名字：罗马俱乐部、共产主义者、犹太复国主义者、共济会、对外关系委员会、皇家国际事务研究所、圆桌会议、米尔纳集团、三边集团、比尔德伯格集团和蒙特佩兰协会，仅举几个主要的例子。还有许多其他环环相扣、相互重叠的阴谋机构。选定的成员与欧洲的王室首脑组成300人委员会。所有这些组织都有一个共同点，即控制所有的自然资源，其中石油是他们的重点。

罗马俱乐部是监督世界上所有其他阴谋机构的主要外交政策组织。

对整个国家进行洗脑是塔维斯托克研究所的专长，使用约翰-罗林斯-

里斯准将在1925年**开**发的方法，并在2008年仍在使用。正是里斯的一名学员成功地使美国人民相信，一个来自佐治亚州的不起眼的小政客詹姆斯-厄尔-

卡特能够成功地领导世界上最强大的国家。人们认为，卡特将成为石油公司的工具。

正是伊朗国王决定让他的国家摆脱由光照派重要成员领导的英美帝国主义石油公司对伊朗的束缚，导致了他的倒台--就像南非的维尔沃德博士和尼加拉瓜的索摩查将军一样。

正如本书所详述的那样，沙赫通过意大利公司ENI的主席恩里科-

马泰与该公司单独进行了石油交易。尽管英国命令他只与巨大的企业集团菲尔布罗公司和英国石油公司打交道，而这两家公司是马蒂所说的石油公司 "七姐妹"的一部分，但他还是这样做了。沙赫还无视英国和美国幻影派石油主管的命令，**开始了一**项900亿美元的核电计划。外交团团长阿维尔-哈里曼 （Averell

Harriman） 被派往德黑兰，向伊朗国王传达华盛顿的个人信息："服从命令，否则你将是下一个"。在德黑兰街头的暴乱者中，有一位名叫阿亚图拉-

霍梅尼的毛拉，但这一次他是在反对国王，而不是为自己造反。为了确保国王得到这个信息，匹兹堡大学的教授理查德-

科塔姆组织了德黑兰教师罢工。因此，美国公然违反美国宪法和国际法，干涉伊朗的主权事务，这一切都是为了石油**卡特**尔的 "光照派领袖 "的权力。

为了回应美帝国主义的这种背叛，沙阿打电话给肯尼迪，并在1962年被邀请到白宫。肯尼迪和沙赫之间达成了一项协议。伊朗将结束与ENI等公司的独立谈判，只与BP和Philbro合作；作为回报，伊朗国王将被允许解雇总理阿米尼。

但在回到德黑兰后，沙赫并没有履行他的那部分协议。他解雇了阿米尼，继续与埃尼公司打交道，同时积极寻求与其他几个国家的石油交易。肯尼迪对被双重欺骗感到愤怒，他找来了当时流亡在日内瓦的巴赫蒂亚尔将军。巴赫蒂亚尔于1962年抵达华盛顿，直接进入白宫。

不久之后，德黑兰爆发了严重的骚乱，沙赫谴责了那些想让伊朗回到世俗国家黑暗时代的封建领主。总共约有5000人因巴赫蒂亚尔和美国煽动的骚乱而死亡。但在1970年，巴赫蒂亚尔的运气用完了；他离伊拉克边境太近，被狙击手射杀。

世界新闻界宣布这是一起
"狩猎事故"，是对巴赫蒂亚尔反对伊朗国王活动的掩饰，他在回忆录《回应历史》中写道："我的意思是说，我是一个人。

> "我当时不知道，也许我不想知道--
> 但我现在很清楚，美国人希望我离开。我对鲍尔突然被任命为白宫的伊朗问题顾问有什么看法呢？我知道波尔不是伊朗的朋友。我了解到，鲍尔正在编写一份关于伊朗的特别报告。但从来没有人告诉我报告要涉及的领域，更不用说报告的结论了。几个月后，当我在流亡中时，我读到了它们，我最担心的事情得到了证实。波尔是那些想抛弃我的美国人之一，最终也抛弃了我的国家。"

沙赫意识到，任何与美国交好的人都注定要被背叛，正如越南、朝鲜、津巴布韦（罗得西亚）、安哥拉、菲律宾、尼加拉瓜、阿根廷、南非、南斯拉夫和伊拉克的例子所显示的那样，他意识到这一点已经太晚了。在这一点上，有必要再次提及美国人怀瑟将军的名字。1972年1月4日至2月4日，怀瑟将军在德黑兰。他在那里做什么呢？无论是将军本人还是政府中的其他人，都没有解释过他的角色，但后来发现他与中情局合作进行了一次　　　　　　　　"破坏性"行动。伊朗军队失去了总司令沙赫，因此没有了领导者，而怀瑟则填补了这个空白，扮演了犹大的角色。

他劝说沙赫离开德黑兰去
"度假"，他认为这将有助于冷却群众的脾气。沙赫接受了他认为是友好的建议，前往埃及。正是在这个时候，怀瑟将军每天都在与伊朗的将军们交谈。他告诉他们，他们决不能攻击暴乱者，否则美国将切断军事供应、备件和弹药。怀瑟说，在适当的时候，华盛顿将通过沙阿下达攻击暴乱者的命令。但这一命令从未到来。

350,000人的伊朗军队被有效地排挤在外，而完成这一惊人壮举的人是怀瑟将军，他从未被要求承担责任，甚至没有被美国参议院要求承担责任。当里根总统在随后的几年里来到白宫时，他真诚地想弄清伊朗的情况；他可以命令怀瑟将军出席参议院委员会，解释他的作用。但里根总统什**么也没做。在幕后**，Baker and Botts公司的傀儡师詹姆斯-贝克三世在拉线。这家休斯顿的老牌律师事务所是 "保护"其在伊朗的强大石油公司客户利益的核心。

詹姆斯-
贝克三世在1991年海湾战争的准备工作中发挥了决定性的作用。 1990年，詹姆斯-
贝克三世让世界知道了美国为什么觊觎伊拉克和伊朗的石油。

> 工业世界的经济生命线来自海湾地区，我们不能允许像这样的独裁者（萨达姆-
> 侯赛因）坐在这条生命线上。把这个问题归结到普通美国公民的层面，我想说的是，这意味着就业。如果你想用一个词来概括它，那就是工作。

美国宪法规定，美国不能干涉一个主权国家的事务，但贝克和博茨公司通过詹姆斯-
贝克三世认为，它不必遵守宪法。沙赫阻碍了大石油公司的发展，不能让他在这条 "经济生命线 "上 "坐以待毙"。

同样令人不安的是卡特政府在推翻伊朗国王的过程中所扮

演的角色。**卡特**总统事先知道，如果沙赫被允许进入美国，美国大使馆将受到冲击，但他没有采取任何措施保护大使馆免受攻击。事实上，在霍梅尼返回伊朗后，美国用大力神和747货机从纽约向伊朗空运武器和零部件，并在亚速尔群岛停留加油。

英国政府发言人、《华尔街日报》和《伦敦*金融时报*》后来承认了这一点。他们还透露，中央情报局的大卫-亚伦组建了一个由60名特工组成的小组，他们于1979年1月被派往伊朗，当时怀瑟将军刚刚抵达德黑兰。首先是美国300人委员会的总部阿斯本研究所背叛了沙赫的信任。这是对他作为一个现代领导人的奉承，如果说伊朗国王有一个致命的弱点，那就是他对奉承的易感性。由于阿斯本的奉承，他向该研究所捐赠了几百万美元。阿斯本承诺在伊朗组织一次主题为 "伊朗，过去、现在和未来"的研讨会。阿斯彭公司信守承诺，研讨会在伊朗的波斯波利斯举行。这是一次盛大的活动，沙阿和他的妻子请与会的贵宾们吃了一顿饭。如果沙赫得到适当的通知，他就会立即送走他们。但讲真话的人受到了惩罚；他们不能占据著名大学的著名教席。

沙赫得到了**关于他的开明**统治的光辉的口头描述。但在幕后，出现了一个非常不同的情况。罗马俱乐部的十个主要成员，包括其负责人奥雷利奥-佩切伊，都在波斯波利斯。

其他知名人士包括库德特兄弟律师事务所的索尔-里诺维茨和后来为我们提供巴拿马运河的人（300人委员会的成员）、哈兰-克利夫兰和罗伯特-O.安德森。**两人都是阿斯彭研究所的著名成员。**

其他知情者包括查尔斯-约斯特、凯瑟琳-贝特森、理查德-加德纳、西奥-萨默尔、约翰-奥克斯和丹尼尔-扬克洛维奇，后者是通过民意调查活动塑造公众舆论的人。军情六处称这一事件是中东 "改革 "的**开始**。

第二十一章

宗教改革和对历史的审视

在二十世纪，"改革　　　　　　"是由美国嗜英者--统治精英--的主持推动的，他们以汉迪赛德-**帕金斯、梅隆、德拉**诺、阿斯特、摩根、斯特拉特、洛克菲勒、布朗、哈里曼和摩根家族王朝为核心集团，从与中国的鸦片贸易中获得了难以计数的财富。许多大的石油公司都来自这种背景。布什家族，从普雷斯科特-**布什开始，一直充当着阴谋集团的傀儡。**

由美帝国主义及其英美阴谋集团的仆人组成的"300人委员会"，在第一次世界大战前夕决定，石油将成为英国海军和商船的燃料。正如我在上面解释的那样，"Jacky"Fisher勋爵是第一个认识到皇家海军的船用燃料应该来自原油而不是煤炭的人。

当温斯顿-丘吉尔成为海军部第一部长时，他指示军情六处制定一项计划，以　　　　"防止如此巨大的石油储备落入德国人手中"的透明借口，夺取美索不达米亚的巨大油田。第一次世界大战成功地**"确保了世界的民主"**，在1919年的黎明，石油帝国并没有因为对国家或民族的责任而感到尴尬，它实际上是一个统治世界的法西斯私人公司集团，它想完全和毫无疑问地控制中东和苏联南部的巨大石油储备。为此，"300"资助了在德国、意大利和日本兴起的民族主义运动，希望

他们能够入侵和控制俄罗斯。石油主管们计划打败德国、意大利和日本政府，并控制苏联的石油储备。洛克菲勒集团计划从英国-

波斯石油**卡特**尔手中夺取波斯湾石油的控制权，从荷兰皇家**壳牌公司手中**夺取东南亚石油的控制权。1939年和1940年，德国人和意大利人并没有像

"三巨头"（塔维斯托克创造的一个标签）计划的那样进攻俄罗斯。相反，杰出的德国将军欧文-

隆美尔发动他的沙漠军队穿越北非，夺取苏伊士运河并控制所有通过该运河的石油运输。隆美尔无意在苏伊士停留，而是计划继续前往波斯，将英国人赶出波斯-

美索不**达米**亚的油田。与此同时，在1939年对俄罗斯的攻击失败后，日本人横扫东南亚，并没收了荷兰皇家壳牌公司的所有石油财产。但随着1945年日本的战败，这些荷兰皇家油田的大部分都被洛克菲勒的标准石油公司控制了。

希特勒的最高指挥部曾计划在1939年底前夺取罗马尼亚和巴库的油田，从而确保德国自己的石油来源。它已经完成了。然后，杰出的欧文-

隆美尔将军指挥着北非的军队，要在1941年占领波斯油田，在1942年占领俄罗斯油田。只有这样，希特勒才有足够的燃料来保证德国的未来。但在偷袭珍珠港后不到一周，日本人就说服了希特勒向美国宣战。这是一个战略举措，因为希特勒没有资源和人力来与美国开战。

这也是他可能犯的最糟糕的错误，因为这给了罗斯福一个借口，让他按照史汀生、诺克斯和罗斯福的计划，站在盟军一边参战。希特勒只有在日本人进攻俄国的情况下才同意，因为德国军队现在在俄国陷入困境，如果俄国人在其东侧抵御日本，希特勒将获得战略优势。当日本人不进攻俄罗斯时，德国军队被逼退，损失非常惨重，而且没有足够的燃料供应。

普洛亚斯提的罗马尼亚油田不足以让德国进行两线作战，面对丘吉尔和皇家空军　　　　　　　"轰炸机哈里斯

"故意针对德国工人住房的可怕轰炸，德国的战争努力开始崩溃。第二次世界大战中最后一场伟大的德国战役是计划和执行得非常出色的突出部战役，在这场战役中，格尔德-冯-

伦德施泰特元帅要用他的装甲部队攻击入侵的盟军，穿越安特卫普港并占领盟军的燃料库。这将阻止美国和英国军队，并获得德国继续其战争努力所需的燃料。但艾森豪威尔将军下令烧毁盟军的燃料库，德国被大规模的空中轰炸击败，其战斗机（包括新的双引擎战斗机）因为没有燃料而无法起飞，并被长期的恶劣天气所困扰。

回到俄罗斯，在20世纪50年代初，西方石油公司的阿曼德-哈默（洛克菲勒的一个傀儡）与俄罗斯领导人约瑟夫-斯大林**达成了**购买俄罗斯石油的交易，实际上是从俄罗斯人民手中偷走了石油，就像   "尤科斯"和芝加哥沃顿商学院2000年将俄罗斯国家财产   "私有化"的计划那样。然后，俄罗斯的石油在世界市场上的销售价格比斯大林自己销售的价格高得多，因为很少有国家愿意从斯大林那里购买石油。

西方石油公司和俄罗斯人建造了两条大型管道，从俄罗斯的西伯利亚油田沿里海两岸向下延伸到伊朗的前英国-波斯-现在的标准石油公司的农场油罐。

在接下来的45年里，俄罗斯通过这些管道秘密输送石油，而标准石油公司则以西德克萨斯原油的价格在世界市场上销售，假装是伊朗的石油。近五十年来，大多数美国人使用的是标准石油公司在旧金山、休斯顿和洛杉矶等主要海港的炼油厂从俄罗斯提炼的天然气，大部分波斯湾的石油都**运到了**这里。

通过伊拉克和土耳其修建了更多的管道。俄罗斯石油现在被称为欧佩克阿拉伯、伊拉克和中东石油，并开始以欧佩克配额的形式，以更高的   "现货市场"价格进行交易。由基辛格在1972年   "石油危机

"中**开始的巨大**骗局现在已被完全承认和接受。

因此，在1972年至1979年期间，数千万受骗的美国人和欧洲人突然面临着汽油短缺和巨大的价格上涨，他们温顺地接受了这种情况，毫不退缩。这是历史上最成功的大规模骗局之一，直到今天也是如此。1979年，俄罗斯的石油利益集团试图从俄罗斯获得另一条短而安全的管道路线，通过邻国阿富汗。但中情局得到了这个项目的消息，并从头建立了一个它称之为 "塔利班"的组织。其领导人之一是一个名叫奥萨马-本-拉登的沙特人，其家族长期以来与布什家族有着非常密切的**关系**。

在中情局的武装下，在华盛顿的资助下，在美国特种部队的训练下，塔利班对被美国记者称为 "侵略者"的俄罗斯人展开了疯狂的攻击。事实证明，塔利班是强大的游击队，阻挠了管道的建设。

但这一切都有一个缺点：塔利班是非常严格的穆斯林，他们坚持阻止来自英国和美国东海岸的自由派家庭的罂粟和海洛因贸易。因此，从一开始，塔利班就有计划地被淘汰，他们没有受到欺骗，紧紧抓住美国提供的所有武器--以及大量的美国美元储备。他们中的几位领导人访问了美国，并在布什的德克萨斯牧场作为贵宾受到了接待。

当英国控制的伊朗霍梅尼新政权上台后，使美国政府的帝国主义外交政策的美国石油工业立即威胁要没收伊朗在美国银行和金融机构的79亿美元的资产。1988年1月27日，《华尔街日报》报道，标准石油公司已经与英国石油公司合并。

这实际上是将标准石油公司出售给英国石油公司，合并后的新公司名称为BP-America。*华尔街日报*》认为不应该提及对被误导的标准石油公司的掠夺性全球营销行为的关注，也没有提及标准石油公司的帝国主义政策。在过去的13年里，BP-

美国公司已经合并并控制了前标准石油公司的所有
"小型公司"，这些公司在1911年被美国政府最初拆分之前
就已经存在。

数百万美国人不知道他们是如何被谎言、纵容、背叛和欺
骗所误导、欺骗的。他们继续挥舞着美国国旗，宣布他们
的爱国主义，就像他们是优秀的、爱国的、信任的公民一
样。他们永远不会知道他们是如何被欺骗和抢劫的。现在
可以理解乔治-
布什总统为什么能再次带领一个总是准备盲目追随的国家
，在伊拉克陷入泥潭。

小国的生存斗争不仅仅是与无情的敌人的生存斗争，这些
敌人会轰炸和摧毁他们的民用基础设施，正如美国及其代
理人以色列和英国在伊拉克、塞尔维亚和黎巴嫩所展示的
那样。今天，小国对美国和英国的绝望斗争是为了统治整
个地球。只有俄罗斯站在帝国主义美国和世界安全之间。
这不是个别国家之间的斗争，而是反对美国强加的新世界
秩序--世界政府的斗争。

本-拉登和萨达姆-
侯赛因成了反对美帝国主义的新战争的代言人，事实上，
这是一场新的和更大的战争，是为了里海、伊拉克和伊朗
的石油，是布什先生承诺的
"无限战争"，美国国会没有发出一点杂音，也没有抗议布
什提出的建议是违宪的。在600个立法机**构**负责人点头同意
的情况下，布什被赋予了根据国家最高法律--
美国宪法他无权拥有的权力。

回到远东的石油阴谋上。

第二次世界大战结束时，道格拉斯-
麦克阿瑟将军被杜鲁门总统任命为日本的军事长官。麦克
阿瑟的角色是劳伦斯-洛克菲勒的助理，他是老　"约翰-D
"的孙子。在战争的最后六个月里，正在为入侵日本岛屿进
行准备。冲绳被变成了一个大型弹药库。一些接近麦克阿

瑟的编年史家认为，杜鲁门指示劳伦斯-
洛克菲勒将军备交给北越的胡志明，以一美元的象征性金额换取胡志明的
"合作和善意"。如果那5.5万名将死在越南的士兵能够知道这笔交易，他们就会掀起屋顶。但像所有伟大的阴谋一样，这种臭味被小心翼翼地隐藏在成吨的　　　　　　"除臭剂"之下，其形式是用外交语言与共产党保持
"良好**关系**"。翻译一下，这意味着
"把洛克菲勒家族的手伸向该地区相当大的石油储藏"。

法国的情况如何？它不是　　　　　　　　　　　　　　　"盟国"之一吗？法国在越南不是一个殖民国家吗？这不是很有趣吗？"我们这一方　　　　　　　　　　　　　　　　　"总是
"盟国"，而对立的集团则是一个黑暗、讨厌、邪恶的
"政权"。

关于麦克阿瑟为什么站在一边，让洛克菲勒背叛第二次世界大战的死者的问题，几乎没有答案。有一个人可能有这个问题的答案，他就是后来成为美国总统的赫伯特-胡佛。他做了一项研究，证明一些最大的石油区在当时的法属印度支那附近，在中国南海。看来标准石油公司知道这项有价值的研究。这是在海上钻井被构想出来之前，在20世纪20年代的事件回顾中，一个名叫乔治-赫伯特-沃克-布什的人将成为一家名为萨帕塔钻井公司的全球海上钻井公司的首席执行官。

1945年第二次世界大战结束时，越南仍被法国占领。越南人没有叛乱的迹象，他们似乎很喜欢法国人，甚至采用了他们的语言和许多习俗。但这种情况即将改变。劳伦斯-洛克菲勒奉命将储存在冲绳的大量美军武器移交给越南领导人胡志明。因此，大量的、广泛的和昂贵的美国武器被移交给胡志明，希望越南能把法国人赶出印度支那，以便标准石油公司能接管未开发的近海油田。

1954年，越南将军吉普在奠边府击败了法国人，武器装备

由美国军队通过劳伦斯-
洛克菲勒提供。法国人绝望地请求美国援助，但没有得到
回应。杜鲁门政府知道这个计划吗？当然是这样!被愚弄的
美国人民知道吗？当然不是!到现在，闭门造车的秘密交易
已经成为美帝国政府的标准做法。

然而，在华盛顿门口的帝国主义阴谋家们并没有考虑到东
方的不可**渗透性**。**正当洛克菲勒集团**开始祝贺自己的工作
完成得很好时，胡志明却背弃了协议。

胡志明受过教育，消息灵通，在某种程度上知道胡佛报告
，该报告证明了越南沿海存在巨大的石油储备，他巧妙地
利用美国**帮助他**摆脱了法国人，然后给洛克菲勒一个机会
。在20世纪50年代，人们开发了一种水下石油勘探方法，
利用在水的深处进行小型爆炸，然后记录从下面不同岩石
层反弹的声音回声。然后，测量人员可以确定拱形盐穹的
确切位置，这些拱形盐穹下面含有石油。

但是，如果在越南沿海使用这种方法，在标准公司不拥有
或没有权利的财产上使用这种方法，越南、中国、日本甚
至可能是法国都会赶到联合国抱怨美国在偷窃石油，这就
足以阻止这项行动。

洛克菲勒和他的心腹，包括亨利-
基辛格，不愿意放弃他在越南沿海的近海石油利益，着手
将越南分为南北两部分，并说服其他国家效仿。在人为地
将越南分为南北两方之后，由史汀生和诺克斯制定的、用
于在珍珠港迫使美国加入第二次世界大战的　　"人为局势
"再次发挥了作用。为美国将北越赶出整个地区搭建了舞台
。在约翰逊总统的唆使下，美国在北部湾上演了一场由声
称属于北朝鲜海军的　　　　　　　　　　　　　"幽灵
"鱼雷艇袭击美国海军驱逐舰的假戏。约翰逊总统中断了常
规的电视广播，宣布袭击事件，告诉他目瞪口呆的美国观
众，"就在我说话的时候，我们的水手正在北部湾的水域中
为他们的生命而战。

这是很好的戏剧，但仅此而已。约翰逊的戏剧性声明中没有一丝一毫的真相。这都是一个大谎言。当然，北部湾事件并没有被美国人民看成是一个谎言，于是，美国不由分说地陷入了一场新的帝国主义石油战争，结果是灾难性的。

美国航空母舰停泊在越南附近的石油穹顶上方的水域，美国石油利益集团为将北越人赶出海底沙子下的石油富饶区的斗争**开始了。当然，它并不叫**这个名字。也许不需要提及的是，战争是以通常的爱国主义术语描述的。它是为了"捍卫自由"、"争取民主"、"阻止共产主义的蔓延"等而战。

每隔一段时间，喷气式轰炸机从航母上起飞，轰炸越南北部和南部的一些地点。然后，按照正常的军事程序，在返回时，他们在降落回航母之前，将没有安全保障的或未使用的炸弹扔进大海。为此指定了安全的弹药投放区，远离航母，直接在石油下面的盐穹顶上。

即使是近距**离的**观察者也不能不注意到每天在中国南海水域发生的许多小爆炸，并认为这是战争的一部分。美国海军航空母舰发起了"林巴克一号"行动，标准石油公司开始对越南沿海的海床进行为期十年的调查。而越南人、中国人和其他所有人，包括美国人，对此一无所知。石油调查几乎没有花费标准石油公司一分钱，因为它是由美国纳税人支付的。

20年后，以5.5万美国人的生命和50万越南人的死亡为代价，洛克菲勒和标准石油集团收集了足够的数据，显示了石油矿藏的确切位置，越南的战争可以结束。越南谈判代表不准备在没有让步的情况下放弃，因此纳尔逊-洛克菲勒的私人助理亨利-基辛格被派往巴黎，作为巴黎和谈的"美国谈判代表"（应为洛克菲勒的代理人），并在此过程中获得诺贝尔和平奖。

这样的伪善、异端和骗术是无法比拟的。在长期战争的忧郁回声消失后，越南将其近海沿海地区**划分**为许多石油地段，并允许外国公司竞标这些地段，条件是越南获得商定的特许权使用费。挪威国家石油公司、英国石油公司、荷兰皇家壳牌公司、俄罗斯、德国和澳大利亚都赢得了投标，**并开始在各自的地区**进行钻探。

奇怪的是，没有一个　　　　　　　　　　　　　　"竞争者"发现任何石油。然而，标准石油公司竞标并获得的地块被证明含有大量的石油储备。他们由美国海军轰炸机进行的广泛的水下地震研究已经得到了回报。

人们会认为，在美国人民在决心背叛他们成为一个世界政府的奴隶的**阴**谋家手中忍受了所有可怕的欺骗之后，他们会在20世纪70年代末学会对他们的政府没有一丝信心，并百分之百地怀疑华盛顿的一切行为和言论，无论白宫里是谁的政党。

这不再是个别国家之间的冲突，而是通过一个世界政府的新世界秩序来建立对整个人类的完全统治的冲突。

按照常理，人们会对政府完全不信任，甚至会要求这样做。但是没有，愚弄和屠杀将以更高的速度和凶猛的方式继续下去，而且范围比以前更广，长达45年。这就是美国人民今天的处境。彻底迷失，无计可施，似乎所有的希望都破灭了。不幸的是，石油工业的胃口和贪婪没有显示出减弱的迹象。300人委员会的美国和英国分支机构制定了一项战略，他们预测该战略将使他们完全控制世界的能源供应和欧亚大陆。这始于1905年，当时罗斯柴尔德家族在亚瑟港发动了针对俄罗斯的日本人。让毛泽东在中国掌权是他们愿景的一部分。帝国主义者唐纳德-拉姆斯菲尔德提出的"前瞻性"战略是基于辩证法的。

美国首先向一个　　　　　　　　　　　　　　　　"友好"政府出售武器，例如在巴拿马、伊拉克、南斯拉夫/科索沃、阿富汗、巴基斯坦、塔利班**圣**战者组织、沙特阿拉伯

、智利和阿根廷等。然后，随着合唱团团长举起指挥棒，媒体的交响乐团开始演奏序曲："友好
"政府有一个黑暗的秘密；它恐吓自己的人民，我们现在必须把它的债券评级改为 "垃圾 "状态。[9]

鼓组打起了鼓，而铜管组则大声说出了真相：这是一个 "邪恶的政权"，这不是一个好政权。这是一个完全的转变，但是美国人，由于他们出了名的注意力短浅，没有注意到这是我们不久前欣喜地祝贺和出售武器给的同一个政府。切尼先生正在演奏双簧管独奏，以表明这个 "政权"现在对美国是一个非常真实的危险。我们现在就得进去把这个国家连根拔起，甚至不需要遵守美国宪法，我们不宣战。奇怪的是，我们不遵守我们的法律，但没有关系，媒体交响乐团演奏了一个完整的Gotterdammerung!巴拿马在G.W.布什皇帝的命令下被入侵：伊拉克、阿富汗响起了美国海军陆战队的进行声，他们在刚刚被打败的国家建立了基地，宣称要为被占领的国家带来 "民主"。

一个更现实的评估很快就表明，整个行动不过是帝国主义的侵略，强大的征服者建立了一个永久的军事占领，与 "民主 "无关，而与这些国家的沙地下的石油有关。

当然，我们没有被告知这些军事基地是为了控制该国和周边国家的能源资源。目前美国的外交政策受 "全面统治 "理论的支配；美国必须控制各地的军事、经济和政治发展，作为其帝国主义角色的一部分。

这个帝国战略的新时代从入侵巴拿马开始，然后创造了所谓的海湾战争，继续进行联合国认可的巴尔干战争，现在正随着新的恐怖主义战争而扩大：阿富汗、伊拉克，以及它长期觊觎的伊朗的石油。2001年1月20日，当时的国防部长唐纳德-拉姆斯菲尔德说，他准备将美国军队部署到 "其他15个国家"，如果这是 "打击恐怖主义 "的需要。

---

[9]贬义词，意思是 "毫无价值"。

联合国认可的巴尔干战争是由石油和从里海到西欧市场的石油管道服务引发的，通过科索沃，到地中海。车臣冲突是**关于同一个**问题：谁将控制管道？当南斯拉夫拒绝投降并向国际货币基金组织（IMF）的指令低头时，美国和德国发起了一场系统的破坏稳定的运动，甚至在这场 "战争"中利用了一些阿富汗的老兵。

按照1972年贝拉吉奥会议的计划，南斯拉夫被分成了几个顺从的小国家，前苏联被遏制住了，或者说美国是这么认为的。美国对塞尔维亚（美国在那里建立了自越南战争以来最大的军事基地）的事实上的占领正在进行。

我们现在谈谈帝国主义帝国的石油工业所寻求控制的具体领域。

里海地区进入了帝国美国的视线，因为该地区已探明的石油储量为150至280亿桶，加上估计的储量为400至178亿桶，总储量为2060亿桶，占世界潜在石油储量的16%（相比之下，沙特阿拉伯为2610亿桶，美国为220亿桶）。这可能意味着总价值为3万亿美元的石油。

到目前为止，还没有人看到，在高加索地区有了新的石油和天然气来源，标准石油公司正在寻求在沙特阿拉伯建立一个
"民主"，同时在南亚发展一个新的业务中心。里海的巨大石油和天然气储量将被运往西部的欧洲市场或南部的亚洲市场。西线是将石油从车臣经黑海和博斯普鲁斯海峡运往地中海，但狭窄的博斯普鲁斯海峡运河已经被黑海油田的油轮塞满。

另一条路线是油轮从黑海绕过博斯普鲁斯，通过多瑙河，然后通过科索沃的一条非常短的管道，在阿尔巴尼亚的地拉那到**达地中海**。**然而**，这一进程被中国阻止了。正如一项情报调查中所报告的那样。

西方路线的另一个问题是，西欧是一个困难的市场，其特点是石油产品价格高，人口老龄化和来自天然气的竞争日

益激烈。此外，该地区非常具有竞争力，现在有来自中东、北海、斯堪的纳维亚和俄罗斯的石油供应。

我们知道，俄罗斯即将着手实施一项计划，拆除穿过乌克兰的管道，这是一个盗窃俄罗斯天然气和石油的世界纪录，它使 "橙色革命女士 "朱莉娅-季莫申科成为千万富翁。

将里海的石油和天然气**运往**亚洲市场的唯一其他途径是通过中国，而中国的路线太长，或者通过伊朗，而伊朗在政治上和经济上与美国的标准石油目标相敌对。

1970年代末，苏联人在里海发现了大量新的石油矿藏，他们就试图与阿富汗谈判，建立一个巨大的南北管道系统，将他们的石油通过阿富汗和巴基斯坦运往印度洋。但美国在沙特阿拉伯和巴基斯坦的**帮助下，随后**创建了 "塔利班"，一个之前并不存在的组织。

美帝国主义的石油战略就诞生于此。美国利用穆斯林宗教，把俄罗斯描绘成邪恶的，反对全世界的穆斯林。

当俄罗斯军队进入阿富汗时，中央情报局武装和训练其 "朋友"，并将乌萨马-本-拉登派往喀布尔，领导塔利班抵抗侵略者。塔利班成为一股强大的力量，将美国视为 "大撒旦"。其结果是塔利班和俄罗斯入侵者之间的长期战争，而塔利班在战争中取得了胜利。中情局通过其前局长乔治-布什老爷子，认为可以依靠本-拉登，因为他与布什家族有许多商业联系，但当美国在俄罗斯人离开后无情地抛弃了他，本-拉登变得愤愤不平，转而反对华盛顿和利雅得，成为他们最可怕的**噩梦**。

这只是众多帝国 "秘密战争"中的一场，在这场战争中，帝国石油工业确定了美国的外交政策，并利用美国军队来执行这一政策。其他此类战争发生在墨西哥、伊拉克、伊朗、意大利和委内瑞拉。我们现在知道，标准石油公司影响了中央情报局，使美国政府注意到俄罗斯通过阿富汗的南北石油管道的危险性，并为训练包括乌萨马-本-拉丹在内的穆斯林原教旨主义武装团体提供授权和资金。

俄罗斯的替代计划涉及控制石油和天然气通过他们的管道流向西欧，通过前苏联的南亚共和国，即土库曼斯坦、哈萨克斯坦、乌兹别克斯坦、塔吉克斯坦和吉尔吉斯斯坦。这些共和国以前完全被美国忽视，但突然得到了中央情报局的**极大关注**，**中央情**报局用大捆的美元和对未来的承诺向它们招手。

中情局像热心的求婚者一样向这些国家求婚，并通过这种伎俩说服他们的领导人，俄罗斯不会把他们当作伙伴。因此，前苏联的远东国家开始与美国石油公司协商，并很快发现这是美国外交政策的真正来源。帝国石油工业现在将其全部注意力转向前苏联远东国家，就像它在伊拉克和伊朗的**开拓**时期一样。在标准石油公司的领导下，它为美国进军这些南亚共和国制定了计划和方案。美国军方已经在乌兹别克斯坦建立了一个永久性作战基地，这也是应石油工业的要求。塔维斯托克研究所被要求用"虚张声势的栅栏"来掩盖真正的意图，基辛格的意大利P2共济会前总舵主迈克尔-莱登也参与其中。据信，莱德恩（他现在已经抹去了他的托洛茨基主义和布尔什维克的痕迹，把自己变成了一个"新保守主义者"）称这种伎俩是"反恐怖措施"。

为了使这样的策略奏效，必须将9/11事件归咎于阿富汗，这就为 "捏造的情况"提供了完美的掩护。布什总统告诉世界，"塔利班"应对袭击双子塔负责，并补充说，塔利班的世界总部在阿富汗。当然，在给阿富汗人'带来民主'的同时，无视隔壁巴基斯坦由独裁者掌权的缺乏民主的情况，是一个挑战，但'创新思维'解决了这个问题。现在，美国军队正是石油工业需要的地方。

第二十二章

北约违反了自己的宪章

在我们继续讨论北约轰炸塞尔维亚背后的原因之前，让我们补充一点，无论莱迪恩和他的新布尔什维克同伴克里斯托尔、费斯、佩尔、沃尔福威茨和切尼在他们最好的日子里多么聪明，他们甚至不能与俄罗斯总统弗拉基米尔-普京头疼的情况相比。在1999年北约（即美国）对塞尔维亚的攻击中，显而易见的是，人们强烈怀疑美国和英国是在代表阿尔巴尼亚政府行事，而阿尔巴尼亚政府长期以来一直试图从塞尔维亚手中夺取对科索沃的控制。在英国和美国计划从里海经过阿尔巴尼亚的管道项目中，阿尔巴尼亚持有王牌。

该管道将穿过保加利亚、马其顿和阿尔巴尼亚，从黑海的布尔加斯港到亚得里亚海的维奥雷。在满负荷生产时，该管道将**每天**输送75万桶。该项目由英国政府为并代表BP（英国石油公司）及其美国合作**伙伴批准。**

当当时的英国外交大臣罗宾-库克被问及此事时，他对这个"想法
"嗤之以鼻，称调查是荒谬的。"科索沃没有石油，"库克说。当然，这是事实，通过使科索沃的石油问题成为一个非常简单的概念，很容易被忽视，调查人员被打乱了他们的游戏。跨巴尔干天然气管道项目从未在任何美国或英国报纸上见过。

2005年5月，美国商业和发展部公布了一份文件，虽然没有

证实对南斯拉夫发动战争的真正原因，但提出了一些重要意见。

> 有趣的是，......来自里海的石油将迅速超过博斯普鲁斯海峡作为航道的安全能力......该（项目）将为美国炼油厂提供稳定的原油来源，使美国公司在发展重要的东西走廊方面发挥关键作用，推动美国政府在该地区的私有化，并促进巴尔干地区与西欧的快速融合。

1993年7月，随着美国军队被派往马其顿北部边境，计划中的计划迈出了第一步。这至少可以说是相当奇怪的，但美国人民似乎没有注意到，美国的 "维和"部队没有被派往塞尔维亚和阿尔巴尼亚人之间发生冲突的地区。美国人民不知道，当所有的 "人权"侵犯行为应该发生在塞尔维亚时，跨巴尔干天然气管道项目将通过马其顿到斯科普里，离塞尔维亚边境只有15英里。

华盛顿说它要防止塞族在马其顿的扩张，而这从来就不是它的目的。但就像布什政府在1991年海湾战争前的谎言一样，当时布什警告沙特人，萨达姆-侯赛因不会因为入侵科威特而停止，但一旦入侵完成，他将入侵沙特阿拉伯，这个谎言起了作用。

对于美国军事特遣队驻扎在马其顿边境的真正目的，特别是对于它是1993年5月修建跨巴尔干天然气管道协议的一部分这一事实，没有给出任何说法。虽然这条管道不经过塞尔维亚，但出席启动会议的阿尔巴尼亚总统对英国和美国发出了一个含义明确的信息。

> 我个人认为，任何局限于塞尔维亚境内的解决方案都不会带来持久和平。

参加会议的外交官们一致认为，他的意思是，如果美国和英国希望阿尔巴尼亚同意修建跨巴尔干管道，就应该把科索沃置于阿尔巴尼亚的管辖之下。在每月6亿美元的风险下，美国和英国在北约的幌子下对没有石油的塞尔维亚发起

了懦弱的攻击，以结束塞尔维亚对科索沃的阿尔巴尼亚国民的虐待的虚假理由。罗宾-
库克的话今天听起来甚至比他被问及英国为什么要攻击塞尔维亚时更加空洞。

> "我们已经表明，我们准备采取军事行动，不是为了夺取领土，不是为了扩张，不是为了矿产资源。科索沃没有石油。社会主义工人党一直说我们这样做是为了石油，这让人深感困惑，因为只有肮脏的褐煤，我们越早鼓励他们使用肮脏的褐煤以外的东西就越好。这场战争不是为了保卫领土，而是为了保卫价值观。所以在这里我可以说......外交政策是以这些关切为指导的。"

布**卡里安会**为罗宾-
库克能够如此令人信服地撒谎而感到自豪。

里海能源代表着北海的储量（约占世界石油总量的3%和天然气的1%），对英国和美国来说具有战略意义，重要到他们决定对南斯拉夫发动战争以迁就阿尔巴尼亚。摆脱塞尔维亚领导人斯洛博丹-
米洛舍维奇的真正原因是他决心将阿尔巴尼亚人从科索沃省驱逐出去。这将意味着未来几年的持续动荡，并使贷款银行不愿意承诺为跨巴尔干管道提供大规模融资。

自20世纪90年代初以来，雪佛龙-阿莫科-
索**卡尔**和英国石油公司等英国和美国石油公司在里海盆地进行了大量投资。TRACEA（欧洲-高加索-
亚洲运输走廊）创建于1993年。IOGATE（通往欧洲的国家间石油和天然气运输）成立于1995年。SYNERGY公司成立于1997年。AMBO（阿尔巴尼亚-马其顿-
保加利亚石油管道公司）是由OPIC（海外私人投资公司）资助的。美国军队被派往马其顿边境为石油工业充当雇佣兵并不令人**惊**讶。

但《东欧能源报告20》，1995年6月第二条黑海石油管道指出，"南斯拉夫的战斗就像一切的巨大路障"，这给克林顿政府在其南巴尔干发展倡议（SBDI）下已经承诺的3000万美元的这一有前途的发展带来了麻烦。

在北约轰炸开始前一年，欧洲联盟（欧盟）理事会开会讨论 **"关于里海能源管道的宣言"**。会议由罗宾-库克主持，实际上是宣布塞尔维亚的战斗必须得到解决。要得出的结论怎么强调都不为过。

轰炸之前的宣传是全面的、全球性的。整个世界被迫相信，而且**确**实相信，北约（即美国）对南斯拉夫的战争是为了阻止据称在塞尔维亚发生的种族暴力和对生活在科索沃的阿尔巴尼亚人的人权侵犯。威利-门岑伯格会完全赞同它。在我的书 "300人委员会"和"塔维斯托克人际关系研究所"中，介绍了有史以来最伟大的宣传大师威利-蒙森伯格的职业生涯。

他曾陪同列**宁流亡到瑞士，在列宁被送上** "密封列车"返回俄国后，门岑伯格成为他的人民启蒙运动主任。他负责培训许多GRU官员和间谍，包括臭名昭著的莱昂-特普，他是Rot Kappell（红色乐团）的间谍大师级领导人，欺骗了包括军情六处在内的所有西方情报机构三十年。

John J. Maresca.优尼科公司的国际关系副总裁对里海石油有这样的评价。

"总统先生，里海地区含有巨大的未开发的碳氢化合物储备。为了让你了解其规模，天然气的探明储量相当于236万亿立方英尺以上。该地区的石油储备很可能达到600亿桶以上。一些估计高达2000亿...

一个主要的问题仍然存在：如何将该地区巨大的能源资源送到需要它们的市场。中亚是孤立的...这些国家中的**每一个都面**临着困难的政治挑战。有些人有未解决的战争或酝酿中的冲突。此外，该地区现有的管道基础设施是我们在运输石油的行业中面临的一个主要技术障碍。由于该地区的管道是在以莫斯科为中心的苏联时期建造的，它们往往流向俄罗斯的北部和西部，没有与南部和东部的连接。从一开始，我们就明确表示，在阿富汗，在一个公认的政府成立并得到政府、贷款人和我们公司的信任之前，我们拟议的管道建设不能开始。"

所以现在我们知道美国为什么要在阿富汗打仗了。这与9.11事件和塔利班没有什么**关系，但与美国在**该国建立傀儡政府作为帝国石油地缘政治的一部分有关。我们现在也知道北约攻击塞尔维亚的真正原因。它与阿尔巴尼亚的恩怨让参与里海盆地管道项目的政府、"贷款人和我们的社会"感到不安。

俄罗斯利用美国是 "唯一的超级大国"这一虚假说法，假装不反对美国入侵阿富汗，因为俄罗斯非常乐意看到美国同时在伊拉克和阿富汗陷入困境。普京总统是一个 "maskirovka"（欺骗）的大师，当华盛顿的布什政府在祝贺自己打败了俄罗斯时，普京正在与中国和前苏联的亚洲领土进行谈判，以形成一个联盟集团，遏制美帝国主义的扩张计划。在普京的领导下，中国和俄罗斯加入了上海合作组织，该组织包括中国、俄罗斯、哈萨克斯坦、吉尔吉斯斯坦、塔吉克斯坦和乌兹别克斯坦。中国加入上合组织是为了在经济上、军事上和政治上与俄罗斯结盟。新的上海合作组织公约取代了持续了近40年的洛克菲勒-李氏家族公约。

俄罗斯加入上海合作组织是为了维护其在中亚的传统霸权。上海合作组织的基本逻辑是控制其成员的巨大石油和天然气储备。俄罗斯、中国、印度和其他上合组织国家担心阿富汗和伊拉克注定会成为破坏南亚和中东地区政权稳定、孤立和建立控制的行动基地，事实证明这种担心是有根据的，但由于上合组织已经成立并在普京总统的领导下运作，这种担心就更容易消除了。

只要看一眼中东地图就会发现，伊朗位于伊拉克和阿富汗之间，这就是为什么布什将伊朗列入"邪恶轴心"。美帝国主义战略的基础是，在美国完成对这一地区的征服，并在没有俄罗斯或中国反对的情况下设置永久性军事哨所时，俄罗斯必须置身事外。下一阶段是开始建设一条穿过土库曼斯坦、阿富汗和巴基斯坦的管道，将石油引入欧亚市场。

带领该管道项目的是优尼科公司，以维护标准石油公司的利益。几十年来，优尼科公司一直试图建造一条穿过阿富汗和巴基斯坦通往印度洋的南北向石油管道。华盛顿在阿富汗的傀儡总统卡尔扎伊，曾是优尼科公司在阿富汗冒险的高级主管。卡尔扎伊实际上是优尼科公司的最高主管，他代表他的公司进行谈判。他也是普什图人Durrani部落的领导人。

卡尔扎伊是20世纪80年代与苏联作战的圣战者组织的成员，是中央情报局的重要联系人，与中央情报局局长威廉-凯西、副总统乔治-布什以及他们的巴基斯坦军事情报局（ISI）之间保持着密切的**关系**。苏联离开阿富汗后，中央情报局资助卡尔扎伊和他的一些兄弟**迁往美国**。

根据《*纽约时报*》的一篇报道：

> 1998年，加利福尼亚公司优尼科（Unocal）在中亚天然气（Cent Gas）中拥有46.5%的股**份**，该财团计划在阿富汗修建一条很长的天然气管道，但在几年的尝试未果后，该公司退出了。该管道从土库曼斯坦的Dauletabad油田到巴基斯坦的Multan，全长7277公里，距**离**1271公里。其成本估计为19亿美元。

该公司没有立即明确的是，来自本-拉登和塔利班的强烈反对已经破坏了该管道项目。额外的6亿美元可以将管道送到能源饥渴的印度。

这就是副总统迪克-
切尼的公司哈里伯顿公司的作用。俄罗斯军事情报自1998
年以来一直报告说，美国人正在计划在阿塞拜疆进行一项
重大的石油投资，迪克-
切尼即将与阿塞拜疆的国家石油公司签署一项合同，建造
一个6000平方米的海洋基地，以支持将在里海建造的海上
石油钻井平台。

2001年5月15日，切尼办公室的一份声明指出，哈里伯顿公
司的新基地将用于
"协助哈里伯顿公司的双体起重船库尔班-
阿巴索夫号进行即将到来的海上和海底铺管活动"。如前所
述，优尼科公司之前在1998年与塔利班**达成的**协议被终止
，因为很明显塔利班可能会让所有其他阿富汗部落反对该
公司，从而破坏南北管道项目的政治环境的稳定。

虽然我不能绝对肯定，但有证据表明，正是在这个关键时
刻，优尼科-哈利伯顿公司和标准石油公司设计了一个新的
"反恐战争   "伎俩。迪克-切尼向美国政府提供了
"解决方案"。9月11日为派遣美国军队在阿富汗进行
"反恐战争"提供了借口。

宣传机构大肆宣扬美国军队必须冲进阿富汗的一连串
"理由"。看来，本-拉登领导的塔利班正在计划
"在世界各地和针对美国海外设施的重大恐怖袭击"。没有
一丝真正的证据来支持这一说法，但一贯同流合污和被蒙
蔽的美国人民却把它当作"福音"来接受。

到了2006年，石油工业对阿富汗战争的透明动机已是众人
皆知。2002年1月2日，美国驻巴基斯坦大使温迪-
张伯伦代表标准石油公司履行长期承诺，与巴基斯坦石油
部长乌斯曼-
阿米努丁会面，使该管道项目又向前迈进了一步。他们会
晤的重点是推进南北管道的计划，以及美国为管道建设巴
基斯坦阿拉伯海石油终端的资金。

布什总统多次表示，美国军队将继续留在阿富汗。联合国部队应该接管，以便美国军队能够回家，为什么会出现这**种情况呢？答案是**，联合国部队将作为一支准军事警察部队，这样美国士兵将被释放，以监督南北管道的建设。有报道说他们还将监测罂粟田，但我没有看到这一任务的确认。这项任务已被分配给一支英国部队。

布什总统最近任命无名的阿富汗人扎尔梅-哈利勒扎德（Zalmay Khalilzad）进入他的国家安全团队，这引起了人们的关注。我们相信我们可以解释这个明显不寻常的任命。哈利勒扎德曾是CentGas项目的成员。哈利勒扎德最近被任命为总统的阿富汗问题特使。他是普什图人，是穆罕默德-查希尔-沙阿国王手下一名前政府官员的儿子，他在那里是为了确保管道项目的及时进展，并直接向总统报告计划进展中的任何延误或障碍。

他的任命得到了康多莉扎-赖斯的支持，她是雪佛龙公司的董事会成员，尽管从未明**确他在雪佛**龙公司的具体角色。除了担任兰德公司的顾问外，哈利扎德还是普世博园与塔利班政府之间的特别联络人，还从事项目的各种风险分析工作。

现在，"反恐战争   "的阿富汗部分被认为已经"解决"，尽管从我们的理解来看，情况远非如此，而且美国在乌兹别克斯坦和阿富汗的永久性军事基地已经到位--我们可以期待标准石油公司的侦察兵渗透到哪个石油丰富的国家，以寻找更多的石油？美国政府说它必须继续寻找石油，而理想的情况是（从这个角度来看），这些地方大多是被指定为窝藏恐怖分子的国家：伊拉克、叙利亚、伊朗和南美，特别是委内瑞拉和哥伦比亚。有人可能会说："真方便"。

但帝国的石油战士也开始在俄罗斯的后院，在西伯利亚寻找。EXXON、Mobil、荷兰皇家壳牌公司和法国的Total SA在20世纪90年代从当时的苏联赢得了在北极地区寻找石油和天然气的合同。老布什不宣而战，违反宪法，因此也是犯罪的战争，即1991年的海湾战争，导致科威特在伊拉克南部巨大的鲁迈拉油田中窃取了比第一次更多的石油。

这是通过战后单方面扩大科威特的边界来实现的。对伊拉克财产的非法扣押导致了伊拉克许多不受欢迎的报复行为。新疆
"使英国石油公司和标准石油公司控制的科威特的石油产量增加到战前的两倍。英国军队在1921年创建'科威特'的历史和真实记载是在鲁迈拉油田的中间画一条任意的线，然后把这块被盗的土地称为'科威特'。

以下文字摘自《石油分析师》上发表的一篇文章："

> 伊拉克最近在其西部沙漠中发现了一个油田，人们普遍认为，一旦其油田得到开发，伊拉克的石油产量将超过沙特阿拉伯。

在2003年美国非法入侵伊拉克之前，该国每天生产300万桶石油，其中大部分是通过联合国监督的计划输送到世界市场，该计划将一小部分收益用于　　　　　　　　"石油换食品"计划下的伊拉克人民的食品和药品。伊拉克仍然能够向叙利亚出口一些石油，并将其作为叙利亚石油出售。

2001年9月，布什政权开始威胁伊拉克，但实际上，入侵伊拉克的应急计划早在几个月前就已准备就绪。该威胁的目的是针对法国和俄罗斯。这两个国家都开始与伊拉克发展大量贸易，而新的帝国石油王子迪克-
切尼根本不喜欢这样。现实情况是，美国公司，特别是切尼的哈里伯顿石油公司和通用电气（GE），正在伊拉克销售商品和服务，赚取数十亿美元。不允许有任何干扰。在2003年战争之前，伊拉克试图讨好阿拉伯海湾合作委员会（GCC）的成员：巴林、科威特、阿曼、卡塔尔、沙特阿拉伯和阿拉伯联合酋长国（UAE），以获得对解除联合国对

其制裁的支持。

对这一意外的发展感到震惊，标准石油公司的外交政策官员要求美国老大哥威胁海合会成员不要让伊拉克加入，否则将面临后果。俄罗斯开始要求 "全面解决"制裁问题，包括导致解除对伊拉克军事禁运的措施。2002年1月24日，俄罗斯外交部长伊戈尔-伊万诺夫强烈反对美国对伊拉克的任何军事干预。俄罗斯石油公司Lukoil和**两个俄**罗斯政府机构曾签署了一份为期23年的合同，经营伊拉克的西古尔奈油田。

根据合同条款，卢克石油公司将获得该油田6.67亿吨原油的一半，伊拉克四分之一，俄罗斯政府机构四分之一，潜在市场为200亿美元。在冷战时期，伊拉克仍欠俄罗斯至少80亿美元，当时俄罗斯将伊拉克作为一个客户国进行武装。但俄罗斯反对 "美帝国主义"还有其他原因。在美国国务卿马德琳-奥尔布赖特的唆使下对塞尔维亚进行了76天的夜间轰炸，俄罗斯军方对这种残暴行为感到恶心，决心不让美国对一个小国进行第二次攻击而得逞。

俄罗斯特种部队曾赶往塞尔维亚的普里什蒂纳，以确保机场安全，防止美军抵达，希望他们受到攻击，然后可以与塞尔维亚开战。只有英国指挥官在当地的克制才阻止了第三次世界大战的爆发。俄国仍在对塞尔维亚的洗劫和强奸感到不安，寻求报复。

焦虑的华盛顿与莫斯科来回穿梭，试图安抚俄罗斯，经过仍然保密的谈判，局势得到化解。2001年，俄罗斯在联合国的石油换食品计划下赢得了13亿美元的石油合同，该计**划允**许伊拉克出售石油来购买物资以帮助伊拉克平民。

2001年9月，伊拉克石油部宣布，它打算在联合国解除制裁后立即向俄罗斯公司授予价值400亿美元的额外合同。

2002年2月，俄罗斯外交部长伊戈尔-伊万诺夫表示，俄罗斯和伊拉克在极端主义和恐怖主义问

题上达成一致，美国支持的对伊拉克的制裁适得其反，应该取消。他继续强调，俄罗斯强烈反对
"将国际反恐行动扩大或应用到任何任意选择的国家，包括伊拉克"。由于俄罗斯试图利用其在联合国安理会的否决权来阻止对伊拉克的所有制裁，因此言论正在升温。

然后，在2003年，帝国主义的共和党战争党人标准石油-布什在其新布尔什维克盟友的支持下，严重违反了美国宪法、国际法和日内瓦四公约，匆忙对巴格达进行了轰炸。针对伊拉克的非法战争结束了伊拉克与俄罗斯、德国和法国的所有永久性协议。七姐妹石油卡特尔不知道的是，仅仅三年后，严重的报复行动就会接踵而来。欧洲国家反对布什和新布尔什维克对伊拉克的攻击的呼声立即响起。

给世界的幼稚借口是，伊拉克拥有
"大规模杀伤性武器"，准备用来对付英国。赖斯女士没有经验，愚蠢，在政治上不知所云，她还发出了不祥的警告：如果不加以制止，美国人将在其主要城市上空看到
"**蘑菇云**"。六年后，我们仍在等待这些   "云彩"出现。塔维斯托克产生的大谎言被大约75%的美国人民所接受。尽管有几十位专家站出来嘲笑和否认布什和布莱尔**关于大**规模杀伤性武器的说法，但这两个人坚持他们的谎言，直到谎言在他们的泥土脚下崩溃。但这并不重要。标准石油公司的帝国外交占了上风，美国的侵略使他们得到了伊拉克的石油，而且战争无论如何也不会持续下去，所以世界被告知。美国军队正从科威特飞速穿越沙漠，并将很快入侵巴格**达**。

布什的策**划者没有考**虑到中国忠诚度的变化。布什认为中国仍然受到1964年洛克菲勒-李氏家族条约的约束。但是，扩大标准石油/布什石油帝国主义的计划与中国对支持中东国家反美斗争的兴趣日益浓厚相抵触。在约旦国王阿卜杜拉二世2002年1月访问中国期间，中国国家主席江泽民说，中国希望与阿拉伯国家加强联系，帮助促进以色列和巴勒斯坦之间的和平。这一声明

震惊了美国国务院。令布什总统和赖斯国务卿感到失望的是，如果新布尔什维克继续执行其攻击伊朗的疯狂计划，中国随时准备进行干预，而不顾宪法规定的向任何国家投入美国军队的权力完全不存在的事实。

中国向伊朗提供了其版本的 "飞鱼"波浪式巡航导弹，表明了自己的立场，这种导弹有可能对美国海军造成巨大的损害。石油帝国主义继续在中东扩张其帝国，特别是通过伊拉克。博尔顿是在白宫的帮助下，通过滥用权力，以行政命令的方式被任命到联合国的，尽管他的任职资格已被美国参议院拒绝。

几年后，他被立即免职。）总统在宪法上远没有被授权进行行政命令的任命，除非是 "必要和**适当**"的紧急事项。在博尔顿的案例中，这绝对不是 "必要 "或**"适当**"的，因为参议院已经拒绝确认博尔顿，因此休会期间的任命是对宪法权力和程序的滥用。但标准石油/布什帝国主义拒绝让这种担忧阻止他们应对中国在中东地区的威胁的计**划。他**们只是暂时停止了他们的努力，直到博尔顿能够在联合国就职。联合国需要博尔顿来骚扰和恫吓各国，使其排队支持美国在伊拉克和伊朗的行动。不止如此，他还是贝克和博茨律师事务所的特派员，负责接管詹姆斯-贝克三世转手的所有不良贷款的担保。

美帝国主义石油集团已经控制了伊拉克的石油，现在又盯上了叙利亚和伊朗的石油。我们现在正处于反恐战争的第二阶段：入侵布什所说的窝藏恐怖分子的国家，其真正意图是接管这些国家的能源。当美国与俄罗斯在里海石油问题上发生冲突并努力将其推向欧洲市场时，第三阶段将到来。这重要的一天可能并不遥远。

现在，俄罗斯人已经加快了步伐。2006年8月28日，普京总统访问了希腊雅典，以推动已经停滞了几年的里海管道项目的发展。在雅典，普京总统会见了希腊总理科斯塔斯-**卡拉曼提斯和保加利**亚总统格雷戈里-

帕瓦诺夫。三方会谈的重点是迅速完成从里海到保加利亚布尔加斯港以及从那里到爱琴海岸的希腊亚历山大鲁波利斯港的管道。一旦完成，该管道将能够每年运输3500万**吨**石油，**每桶至少**节省8美元的**运**输成本。这条管道将使俄罗斯通过排挤美国支持的巴库-第比利斯-杰伊汉大型管道，保持对欧洲市场的里海石油的扼制。因此，美国决定暂时把重点放在阿富汗的南北管道上，美国士兵正在建造和守卫这条管道，他们面临着死灰复燃的塔利班的激烈抵抗，塔利班比被所谓的北方联盟赶走之前更加强大，装备更加精良。塔利班领导层决心阻止这条管道的建设。2006年7月**开始的新一**轮战斗在8月**达到了白**热化，美国赞助的媒体将这些战斗描述为美国为粉碎塔利班的鸦片贸易收入而做出的努力。事实并非如此，但由于布什政府拥有庞大的宣传机器，它很可能被愚昧的美国公众认为是这样。

第二十三章

俄罗斯对阵七姐妹

在这一点上，俄罗斯在当今世界最精明的地缘政治战略家弗拉基米尔-
普京的领导下，决定从七姐妹中抽出地毯。俄罗斯外交部长宣布，俄罗斯政府即将对西方在西伯利亚的主要石油和天然气投资项目踩刹车，质疑1991年与前苏联达成的协议是否得到遵守。

美国国务院立即作出反应，其发言人汤姆-
凯西说，布什政府正在

> "非常**关注俄**罗斯政府决定取消荷兰皇家壳牌公司和两个日本集团在萨哈林岛开发的价值2000万美元的液化天然气项目的环境许可证。

俄罗斯政府的反应是宣布它正在考虑取消埃克森-
美孚在萨哈林的一个项目。美国声称根据1991年和1994年与前苏联签订的协议拥有权利。西欧和美国已经开始担心，普京总统的俄罗斯正在作出协调一致的努力，对该国的巨大能源资源进行控制。

普京总统对法国进行了一次国事访问，向希拉克总统保证道达尔公司没有被包括在变化之中。观察家们指出，在访问巴黎期间，两位领导人变得更加亲密。

毫无疑问，普京是在告诉美国，法国因为反对伊拉克战争和拒绝加入联合国抵制伊朗的行动而得到了奖励。希拉克总统在爱丽舍宫举行的非常公开的仪式上向普京颁发了一

枚勋章--

荣誉军团大十字勋章。在访问期间，普京总统表达了俄罗斯对科索沃局势的严重关切。达成了一项由一家法国公司在莫斯科和**圣彼得堡之**间修建高速公路的协议，以及一项让俄罗斯承诺购买22架空客A350飞机的协议。2006年9月24日，有消息称，由于自然资源部撤销了壳牌公司的环境许可，其价值200亿美元的萨哈林2号石油和天然气项目的运营许可有可能被暂停。萨哈林-2项目已完成约80%。同时，国有天然气巨头Gazprom正在谈判购买萨哈林一号。看来，如果不接受这一提议，萨哈林2号可能会被停止。俄罗斯天然气工业股份公司正在寻求拥有萨哈林-2项目多达25%的股**份**，这意味着七姐妹卡特尔的主要公司将成为小股东。萨哈林2号的储量为45亿桶。因此，这是一个俄罗斯肯定会索取的丰富奖品。这只是一个时间问题。

布莱尔首相代表荷兰皇家壳牌公司，对壳牌公司将被排除在萨哈林-1号和萨哈林-2号的**丰富**红利之外深表关切。美国国务院继续为壳牌和埃克森公司游说，但俄罗斯可能有其他计划。俄罗斯天然气工业股份公司的消息人士称，该公司正在与一家印度公司--印度国家石油和天然气公司（ONGG）进行秘密谈判，以购买其在萨哈林一号的20%股**份**。**如果交易达成**，俄罗斯天然气工业股份公司将获得世界上产量最高的石油和天然气项目的巨大股份，使七姐妹卡特尔的成员处于非常弱势的地位。

与此同时，布什的   "反恐战争"的虚伪性在哥伦比亚有目共睹，布什的建议包括花费9800万美元保护西方石油公司从哥伦比亚第二大油田到加勒比海岸的480英里管道。

这9800万美元是在美国已经提供给哥伦比亚政府的13亿美元之外的，表面上是为了打击FARC的

"毒品恐怖分子"。2001年，**卡诺**-
利蒙管道被**关**闭了266天，因为哥伦比亚革命武装力量（F
ARC）的游击队不断炸毁管道，以增加贿赂金额。在过去
的15年中，FARC叛军每隔一段时间就会关闭输油管道，
以强调他们的威胁并非空穴来风，并为他们的　　　　"保护
"赚取越来越多的钱。同时，泄漏到哥伦比亚河流和溪流中
的250万桶石油远远超过了1989年阿拉斯加的埃克森-
瓦尔迪兹石油泄漏事件的数量。

尽管在巴尔干半岛、里海和阿富汗出现了分心的情况，但
石油**卡特**尔并没有放弃攫取伊朗石油的意图。据德国国防
部（特勤局）的消息来源称：布什政府已经制定了计划，
通过使用掩体炸弹和战术核武器进行密集的饱和轰炸来打
击伊朗的核反应堆、大规模杀伤性武器场所和军事场所。
攻击将与人民圣战者组织（MEK）成员、五角大楼特种作
战部队和其他伊朗持不同政见团体对重要城市和农村基础
设施的破坏相协调。

表示**关切的德国情**报信息的细节来自中央情报局人员提供
的机密简报。显然，人们担心布什政府中的新布尔什维克
通过攻击伊朗，会引发一连串事件，导致世界大战。

中情局特工还向法国、英国、加拿大和澳大利亚的同行传
递了有关美国攻击伊朗计划的信息。美帝国主义针对伊朗
的战争计划还包括迅速夺取伊朗西南部的胡泽斯坦省，那
里是伊朗大部分石油储备和炼油厂的所在地。

库兹斯坦的什叶派阿拉伯人占多数，与他们在伊拉克的民
族和宗教兄弟有着密切的联系。布什的计划要求美国越过
伊拉克边境并从波斯湾的海军部队进行军事打击，以回应
人民民主阵线和库兹斯坦的阿瓦兹解放组织的反叛部队的
求助，该组织将宣布成立独立的阿拉伯国家阿瓦兹民主共
和国，并获得美国、英国和以色列以及其他一些美国亲密
盟友的外交承认。

第一次世界大战后，库兹斯坦被伊朗吞并，然后以其以前

的历史名称--

波斯来称呼。圣经》中多次提到它的旧名。还有计划在伊朗的其他少数民族中煽动叛乱，包括石油资源丰富的里海地区的阿塞拜疆人和土库曼人。

一些分析家认为，1991年的海湾战争是由美国发起的，是大事件，即美国在以色列、法国和德国的支持下入侵伊朗之前的

"谢幕演出"，这就是为什么美国为侯赛因开绿灯与伊朗开战。推动伊拉克进攻伊朗的目的大家应该都很清楚：伊拉克和伊朗将打一场战争，使它们都被极度削弱。至少，美国向侯赛因发出信号，一些侵略是可以接受的--

美国不会反对伊拉克入侵，以夺回鲁迈拉油田、有争议的边界地带和海湾岛屿，包括伊拉克声称一直属于伊拉克而非科威特或伊朗的布比扬油田领土。后来，隐居的艾普尔-格拉斯皮被英国记者逼到了墙角，他们对她在发动1991年与伊拉克的战争中所扮演的角色进行了轰炸，但格拉斯皮一言不发，上了一辆豪华轿车，在她身后关上了车门，开走了。

两年后，在NBC新闻的 "决策92"节目的第三轮总统辩论中，总统候选人罗斯-佩罗被引用说。

> ...我们告诉（萨达姆）他可以拿下科威特的东北部；当他拿下整个科威特的时候，我们都疯了。如果我们没有告诉他，为什么我们甚至没有让参议院外交关系委员会和参议院情报委员会看到对格拉斯皮大使的书面指示？

在这一点上，（佩罗）被当时的总统老布什打断，他感叹道。

> 我必须对此作出回应。这是一个关系到国家荣誉的问题。这绝对是荒谬的。

无论是否荒谬，事实是，艾普尔-格拉斯皮于1990年8月底**离开巴格达**，回到华盛顿，在那里

她被单独监禁了8个月，不允许对媒体讲话，直到海湾战争结束（1991年4月11日），**她被**传唤在参议院外交关系委员会面前就**她与侯**赛因总统的会面进行非正式作证（未宣誓）时才重新出现。格拉斯皮声称自己是 "大规模蓄意欺骗"的受害者，并谴责她的会议记录是 "捏造的"，歪曲了**她的立场**，尽管她承认其中有 "很多"准确的材料。

格拉斯皮随后被派往南非**开普敦，担任美国**总领事。自2002年从外交部门退休以来，她一直没有任何消息。这几乎就像格拉斯皮已经成为一个非人。为什么参议院不站出来做它的工作？为什么国务院能够逃脱，隐瞒和不提供美国人民完全有权获得的信息？

在格拉斯皮骗局之后，乔治-布什总统开始培养战争气氛，同时在所谓的 "禁飞区"轰炸伊拉克，除了侵犯伊拉克的主权之外，根据美国宪法也是非法的。在联合国，布什用他的"不惜一切代价的战争"团队为阿拉伯代表团工作，声称如果不解决入侵科威特的问题，他们将是侯赛因名单上的下一个目标，这完全是一个毫无根据、令人心悸的不实消息。

布什成功地让人对伊拉克实施禁运。1991年1月29日，布什利用他的国情咨文演说作为煽动对伊拉克情绪的工具。令人**惊讶**的是，他还补充了以下言论。

> "因此，世界可以抓住当前波斯湾危机的机会，实现新的世界秩序的长期承诺。"

布什透露了所谓 "波斯湾危机"的真正原因，这已是众所周知的事实，但美国媒体中的豺狼却没有报道总统在谈论什么。世界新秩序的概念并不新鲜，可以追溯到国王乔治三世，他的计划被美国革命打断了。布什急于让国家进入伊拉克战争的计划相当明目张胆，以至于华盛顿的一些重要人物开始严重怀疑并反对战争的鼓动。其中，前海军部长詹姆斯-H-

韦伯在1990年11月12日的电视辩论中公开表达了他的担忧
。

> 我们在波斯湾存在的目的是为了推进布什政府的新世界
> 秩序，我不喜欢这样。

另一位对布什政府匆忙开战提出强烈批评的华盛顿人士是
詹姆斯-
阿特金斯，他是前驻沙特阿拉伯大使和中东事务的主要专
家。在《洛杉矶时报》1990年9月17日发表的一篇署名文章
中，他指责国防部长理查德-
切尼故意误导法赫德国王，使其相信伊拉克对沙特阿拉伯
的攻击迫在眉睫。阿特金斯还讲述了他与亨利-
基辛格的经历，每当阿特金斯攻击针对伊拉克的战争计划
时，他都会与之斗争。

在国际舞台上，一些国家，特别是法国，对伊拉克的系统
性和日常轰炸表示关切。戴高乐的前农业部长向一位德国
记者表达了他的担忧。

> 我希望它（爆炸）不是这样。一个国家之所以强大，只
> 是因为它拥有武器，这一点让我深感震惊。处于极端经
> 济困难中的美国，因为军事上的弱点，成功地使日本和
> 欧洲保持**沉默**。**世界将在多**长时间内接受各个国家必须
> 支付一个警察来执行他们自己的世界秩序？

令观察家们不安的是俄罗斯的沉默，如果它能抵制美国的
恐吓，很可能就能阻止对伊拉克的战争。至少，俄罗斯可
以向伊拉克军队提供其最先进的   "塔马拉
"防空系统，该系统可以击落英国和美国的飞机，并突然结
束已成为伊拉克日常现象的空中恐怖统治。参众两院的反
对派没有一个人能够阻止布什的战争，这场战争造成的损
失远远超出了实际入侵伊拉克的范围，其冲击波在2008年
仍然可以感受到。从**正确的角度来看，根据**300人委员会的
命令，入侵伊拉克的目的是将新世界秩序强加于世界，特
别是欧洲。

300人 "通过托尼-布莱尔、老乔治-布什和他的儿子G.W.布什进攻伊拉克的意愿所释放出的混乱，尚待衡量。它的全部效果至少在十年内不会变得清晰，我们将看到巨大的变化正在发生，所有这些都可以归因于美国和英国的帝国石油政策，这些政策从威尔逊总统向坦皮科和维拉克鲁斯派遣美国海军陆战队开始，以便从其合法所有者手中夺取墨西哥的原油。

这种对帝国石油政策的追求在成千上万的美国人认为是人为的情况下，即9/11灾难中表现得很明显。如果911事件确实是珍珠港事件那样的人为状况，那么它实质上是同一演示的下一阶段，是美国控制世界油田的战略，特别是中东、中亚、南美、马来西亚、婆罗洲和阿富汗的油田，同时在 "打击恐怖主义"的幌子下将美国从一个邦联共和国转变为一个新世界秩序独裁国家。

随着对纽约世贸中心的袭击，美国达到了从邦联共和国向一个世界独裁政权转变的'转折点'，而它在几乎没有反对意见的情况下做到了这一点，这只能强调这一事件所起作用的重要性。由于在许多精明的观察家看来，这太容易是随机的，因此这一事件加强了许多人的信念，即9/11是一个人为诱发的情况。

第二十四章

委内瑞拉的加入

如果石油生产在五十年后达到顶峰,前景如何?是否会出现更糟糕的比武,在世界各地发生区域战争,或者敌对势力是否会意识到,工业化世界的救赎在于基本原材料领域的绝对合作,特别是原油。如果我们根据美国和英国在过去50年的行为来判断,我们不得不得出这样的结论:由于世界石油储备的终结处于危险之中,美国的外交政策将是从事罗马帝国规模的军国主义,同时压制国内的异议。这就是我们已经看到的情况。事实上,自入侵伊拉克开始以来所通过的大量法律证明了为减少对石油战争的反对而采取的方向,同时,通过取消人民的抗议权,最大限度地减少了国家的最高法律。

当然,布什政府推出的限制性措施对美国人民的宪法权利产生了寒蝉效应,这是事实。到2008年年中,很明显,自海湾战争出现以来通过的镇压性法律正在发挥其预期效果。也许正是这一点抑制了抗议布什政府对委内瑞拉及其不妥协的领导人乌戈-查韦斯的政策的任何迹象。

鉴于华盛顿对委内瑞拉的明显敌意,这个国家成为帝国主义争夺石油的下一个目标也不是不可能。考虑到这一点,让我们看一下2008年的委内瑞拉。有一些变化。我不认为它们是壮观的。这可能是委内瑞拉历史上第一次有一个政府不仅仅是在做姿态,而是利用其巨大的资源来帮助人口中最贫穷的部分。这种援助主要用于卫生、教育、合作社等。很难说影响有多大。但我们当然知道人们对它们的反应，这毕竟是最重要的问题。重要的不是我们怎么想，而是委内瑞拉人怎**么想。而且我**们非常清楚这一点。

在拉丁美洲有一些相当好的民调机构，主要是智利的Latino barometro。他们监测整个拉丁美洲对各种关键问题的态度。最近一次在智利进行的调查发现，自1998年以来，委内瑞拉对民主和政府的支持率有了非常大的提高。委内瑞拉现在几乎与乌拉圭并列成为支持政府和民主的首要国家。

在对政府经济政策的支持方面，以及在相信这些政策有助于穷人，即绝大多数人，而不是精英阶层方面，它远远领先于其他拉丁美洲国家。而且在其他问题上也有类似的判断，而且增加得相当厉害。尽管有障碍，但还是取得了一定程度的进展，公众认为这是非常重要的，这就是最好的衡量标准。随着委内瑞拉统一社会主义党（PSUV）宣布成立，以及他们试图接管各种服务和企业的速度加快，这场革命是否有了成熟的迹象？说起来并不容易。存在着矛盾的倾向，对委内瑞拉来说，问题是哪一种倾向会占上风。现在有民主化的趋势，权力下放，人民代表大会，社区控制自己的预算，工人合作社等等。所有这些都在朝着民主的方向发展。

也有专制倾向：集权、魅力型人物等。这些政策本身并不能真正让人判断它们将向哪个方向发展。一个国家控制自己的资源当然是非常合理的。因此，如果委内瑞拉对自己的资源有更大的控制，这可能是一个非常积极的发展。另一方面，它可能不是。因此，例如，当沙特阿拉伯在20世纪70年代将其石油国有化时，这并不意味着它控制了自己的石油，而不是外国公司--

主要是ARAMCO。**另一方面，沙特阿拉伯正**处于严重的暴政手中。华盛顿在该地区的主要和最有价值的盟友是一个野蛮的暴政和世界上最**极端的伊斯**兰原教旨主义国家。因此，故事的发展取决于资源的使用方式。南锥体共同市场（Mercosur）是一个拥有南美洲最大经济体的集团。它的基础是自由市场协议，如《北美自由贸易协定》，似乎没有朝着替代占主导地位的新自由主义理论的方向发展。

目前，南方共同市场更多的是一种希望而不是现实。南方共同市场是它的一部分，科恰班巴会议是另一个步骤，还有其他**步**骤。融合是维护主权和独立的有力步骤。当国家彼此分**离**时，它们可能会被消灭，无论是通过武力还是通过经济扼杀。如果它们一体化并进行合作，它们就能更自由地摆脱外部控制，即在过去半个世纪里摆脱美国的控制--但这要追溯到更远的地方。

因此，这是一个重要的步骤，但也有障碍。一个是拉丁美洲也迫切需要内部整合。这些国家中的每一个国家都有一个尖锐的鸿沟，即一小部分富裕的、欧洲化的、主要是白人的精英和一大批深度贫困的人，通常是印度人、黑人和混血儿。**种族之**间的关联性并不完美，但它是一种关联性。拉丁美洲有一些世界上最严重的不平等现象，而这些问题也开始被克服。还有很长的路要走，但在委内瑞拉、玻利维亚，在一定程度上在巴西、阿根廷都采取了正确的步骤，其他地方目前还没有什么。但国家之间的内部整合和外部整合是相当重要的**步**骤，这是自500年前西班牙殖民化以来的第一次，这不是不重要的。

让我们再来看看在扩大授权和最近的所谓授权立法之后，对专制主义的一些批评。这些法律是由议会通过的。议会恰好几乎完全由查韦斯主导，但其原因是反对派拒绝参与，很可能是受到美国的压力。人们可能不喜欢这些法律。它们的结果取决于民众的压力。它们可能是走向独裁主义的**步**骤。它们可以成为实施建设性方案的步骤。这不是由我们说的，是由委内瑞拉人民说的，我们非常了解他们的意见。

委内瑞拉的石油财富使该国有机会向包括纽约和伦敦在内的西方贫困社区提供援助，并使其能够购买阿根廷、玻利维亚和厄瓜多尔的债务。

让我们从它对西方的援助开始，这有点讽刺。但这是有背景的。它始于波士顿的一个方案。一组参议员联系了八大能源公司，问他们是否可以向美国的穷人提供短期援助，让他们度过因高油价而无法支付石油账单的艰难冬季。他们只得到了委内瑞拉公司CITGO的一个回应，该公司确实在波士顿提供了临时的低价石油，然后在纽约的布朗克斯区和其他地方。这就是西方的援助。所以现在只是查韦斯在美国给穷人提供援助。

至于其他的，是的，查韦斯买了四分之一，或三分之一的阿根廷债务。正如阿根廷总统所说，这是帮助阿根廷摆脱IMF的努力。国际货币基金组织是美国财政部的一种分支，它在拉丁美洲产生了破坏性的影响。它的方案在拉丁美洲比在世界任何其他地区都得到了更严格的遵循。

玻利维亚遵循国际货币基金组织的政策长达25年，最终的结果是人均收入低于开始时的水平。阿根廷是国际货币基金组织的典型代表。它所做的一切都是正确的，并敦促其他所有人遵循世界银行和美国财政部制定的政策。那么，发生的情况是，它导致了一场彻底的经济灾难。阿根廷通过彻底违反国际货币基金组织的规则，成功地躲过了这场灾难，他们决定摆脱国际货币基金组织，正如基什内尔所说，委内瑞拉帮助他们。巴西以自己的方式做了同样的事情，现在玻利维亚在委内瑞拉的帮助下也在这样做。国际货币基金组织实际上遇到了麻烦，因为它的很多资金来自于收债，如果各国因为它的政策太糟糕而拒绝接受它的贷款，不知道它会做什么。

还有Petrocaribe，这是一个以优惠条件向许多加勒比国家和其他国家提供石油的计划，并推迟付款。另一个方案叫做"奇迹行动"。它利用委内瑞拉的资金将古巴医生--
古巴医生训练有素，他们有非常先进的医疗系统，可与第一世界的系统相媲美--
送到牙买加和该地区其他国家等地方。该项目从寻找盲人开始，他们已经完全失去了视力，但可以通过手术治疗来恢复视力。这些人被古巴医生识别出来，带回古巴，在他们高水平的医疗设施中接受治疗，并返回他们的国家能够看到。它留下了一个印象。

美国和墨西哥显然曾试图做类似的事情，但从未有任何结果。事实上，从乔治-布什最近的行程中可以非常清楚地看到查韦斯方案的影响。新闻界谈论他对拉丁美洲的新方案调整，但如果你仔细观察，实际发生的情况是，布什接受了查韦斯的一些言辞。这就是奇妙的新方案，采纳了查韦斯的一些言论，但没有应用，或几乎没有应用。

任何古老的故事--只要能促进战争的原因--都是流行的。除了乌戈-查韦斯和伊朗伊斯兰教徒马哈茂德-艾哈迈迪-内贾德之外，没有其他世界领导人能比给人留下深刻印象的人更完美地扮演"美国的对立面"。查韦斯与包括一些美国最臭名昭著的对手在内的亲密朋友一起，如年迈的古巴独裁者菲德尔-卡斯特罗和玻利维亚民族主义总统埃沃-莫拉莱斯，迅速成为全球亲民族主义和反美运动的主要代言人之一。在他执政的几年里，查韦斯已经把他对布什政府的态度作为一个公开记录。

> "查韦斯在加拉加斯的世界社会论坛上对听众说："美国是这个星球100个世纪以来最变态、最凶残、最具种族灭绝和最不道德的帝国。

作为回应，华盛顿将查韦斯的反美言论和在整个拉丁美洲传播"玻利瓦尔革命"的反复威胁描述为一个绝望的领导人的呓语，试图转移公众对其失败的社会和经济政策的注意力。

当然，委内瑞拉的政策并没有失败，而且似乎也不存在美国入侵该国的可能性。但查韦斯最近努力加强与伊朗的能源、国防、核和政治关系，这可能会迫使华盛顿重新考虑其想法。查韦斯在加拉加斯对他的支持者发表慷慨激昂的讲话时说。

> 我与1997年至2005年的伊朗总统穆罕默德-
> 哈塔米**关系密切，我**视他为兄弟，现在我与他的继任者马哈茂德-
> 艾哈迈迪内贾德总统关系密切，我也视他为兄弟。

虽然这一声明对于查韦斯的热情和坦率来说并不罕见，但它显示了关系的发展方向。毕竟，每一个独立的主权国家都有权选择自己的朋友和结成联盟。

5月底在加拉加斯举行的石油输出国组织（OPEC）第141次部长级会议上，伊朗和委内瑞拉的高级官员讨论了一些双边协议，包括伊朗的国家石油公司Petropars参与欠发达的奥里诺科带的石油项目和委内瑞拉湾的天然气项目。两国有望在奥里诺科带的其中一个地区开始勘探，最终目标是让Petropars公司向伊朗出口成品燃料。预计伊朗专家将很快抵**达委内瑞拉，以支持政府**资助的工程项目。让我赶紧补充一点，伊朗和委内瑞拉作为主权和独立国家，有权追求自己的利益，即使这对其他国家来说是不方便的。这就是国际法的前提。在委内瑞拉与伊朗的能源关系蓬勃发展的同时，其与西方的能源关系却朝着相反的方向发展。查韦斯最近宣布，对在委内瑞拉经营的外国石油公司的税收将从16.7%上升到33%，他称之为
"开采税"。查韦斯指责外国公司开采他的国家的石油资源，却没有对委内瑞拉人民进行适当补偿。这种指责是有根据的。

尽管增税和查韦斯的立场，委内瑞拉仍然是美国的重要能**源伙伴。根据能源信息署（EIA）**公布的统计数据，委内瑞拉对美国的原油出口总量（每天120万桶）排名第四，石油产品出口总量（每天150万桶）排名第三（加拿大排名第一，但我们不与之争吵）。鉴于美国的日常生存继续依赖委内瑞拉的石油，以及从世界其他地方获得能源资源的困难，德黑兰对委内瑞拉能源部门的任何参与都应被视为对

美国国家安全的威胁，华盛顿是这么说的。首先，委内瑞拉做什**么不关布什政府的事。委内瑞拉不是**联邦的第51个州。

除能源合作外，加拉加斯和德黑兰之间的军事和情报关系也得到了加强。5月，美国国务院指责委内瑞拉与伊朗和古巴有情报共享关系，这两个国家被美国认定为恐怖主义的支持者。这只是一种观点，不一定是事实。美国国务院在其**关于国**际恐怖主义的年度报告中指出，查韦斯与在哥伦比亚活动的两个左派游击队--
哥伦比亚革命武装力量和民族解放军--有着
"意识形态上的亲缘关系"，华盛顿认为这两个组织都是恐怖组织。如果是这样的话，这就提出了一个问题。为什么华盛顿经常与这两个无疑是恐怖组织的哥伦比亚团体合作？因此，2005年对加拉加斯的所有武器和备件销售都已停止，其金额为3390万美元。为什么会有这种战争行为？有什**么**证据支持委内瑞拉与恐怖组织有
"意识形态上的亲缘关系
"的说法？作为回应，委内瑞拉将军阿尔贝托-穆勒-
罗哈斯，查韦斯的高级顾问，建议委内瑞拉向伊朗出售其21架F-
16战斗机。尽管按照今天的标准，这些20年前的战斗机已经过时，但这一提议使两国之间已经紧张的关系更加恶化。如果其他国家决定他们的客户和朋友是谁，这与美国有**什么关系？关于伊朗和委内瑞拉加**强核技术合作的报道引起了华盛顿的警觉。我们建议，应该强迫整个布什政府阅读乔治-华盛顿的告别演说，而且是尽快地阅读！

阿根廷报纸《*Clarin*》报道说，查韦斯政府曾要求布宜诺斯艾利斯向其出售一座核反应堆。与伊朗政府一样，加拉加斯官员说已经进行了讨论，但他们补充说，讨论只是关于探索
"原子的和平科学用途"。为什么不呢？为什么是印度、巴基斯坦、朝鲜、以色列，而不是委内瑞拉？

2005年底，据报道，委内瑞拉的铀矿被运往德黑兰，这是**两国之**间签订的2亿美元交易的一部分。人们，据说是传教士，把信息传回了家，说在铀矿位置附近建了一个小型军事设施和简易机场。不管他们是谁，他们看起来并不像传教士。

伊朗和委内瑞拉对美国有着强烈的反感，鉴于几十年来对其内部事务的巨大干预，这是很自然的。他们通过支持中东和拉丁美洲的反美联盟来寻求报复的方法，这并不令人**惊**讶。

在对拉丁美洲进行为期八天的访问期间，伊朗马吉斯总统古拉姆-阿里-哈**达德**-
阿德尔说，两国之间形成的战略统一植根于对
"来自美国等恐**吓性大国的威**胁
"的回应。伊朗和委内瑞拉已经得出结论，实现美国破坏全球稳定这一共同目标的最佳途径是联合起来，使华盛顿的任何有针对性的反应都变得更加复杂和昂贵。

布什政府的努力最好用于恢**复新奥**尔良和缩小美国穷人和**极富者之**间的差距，这种状态是由于北美自由贸易区、关贸总协定和世界贸易组织而出现的。

有了热情的伊朗作为伙伴，查韦斯这位前伞兵革命家以其反美立场唤醒了西蒙-
玻利瓦尔的幽灵。布什政府将不得不接受这个事实，否则就有可能在拉丁美洲重燃一场长达330年的战争。也许这就是我们的想法。

2007年，委内瑞拉总统乌戈-
查韦斯从莫斯科订购的总共10万支**卡拉什尼科夫步**枪中的第一批**开始抵达**。

委内瑞拉军队正在经历一场深刻的变革，进行大规模的征兵活动并采用新技术。这一决定可能会让美国感到担忧，因为美国认为查韦斯是该地区的一个不稳定因素。

大多数国防专家都认为，查韦斯总统需要对其过时的军事硬件进行全面改革。但美国和委内瑞拉的邻国哥伦比亚认为，33,000支**卡拉什尼科夫步**枪的到来进一步证明查韦斯正试图在该地区大展身手。俄制AK103**步**枪配备了50多万发子弹，先进的夜视镜和刺刀。但最让华盛顿担心的是，委内瑞拉计划在这里建厂，组装和出口这些卡拉什尼科夫**步**枪和子弹。

查韦斯政府目前正在与拥有制造这些武器许可证的俄罗斯制造商进行谈判。美国最近下令全面禁止向委内瑞拉出售武器，指责查韦斯总统试图破坏拉丁美洲的稳定。但委内瑞拉坚持认为它有权购买用于防卫的武器。查韦斯总统多次警告说，布什政府正计划入侵委内瑞拉，以获取该国的石油资源。

英国战争内阁第一秘书莫里斯-汉基爵士在1918年说。

> "下一场战争中的石油将取代目前战争中煤炭的位置，或者至少是与煤炭平行的位置。在英国的控制下，我们能够获得的唯一重要的潜在供应是来自波斯（现在的伊朗）和美索不**达米**亚（现在的伊拉克）......控制这些石油储备成为英国战时的首要目标。"

艾伦-格林斯潘，美联储主席，1987-2006年。

> "无论他们对萨达姆-
> 侯赛因的大规模杀伤性武器公开表示怎样的愤怒，美国和英国当局也担心在一个拥有对全球经济运作至关重要的资源的地区发生暴力。"

我们不能离开伊拉克，因为极端分子可能会利用石油作为敲诈西方的工具......他们会的，除非我们放弃以色列。

乔治-W-布什，2006年11月1日。

> 当伊拉克发生政权更迭时，你可以为世界供应增加300到500万桶的产量。

劳伦斯-林赛，乔治-W-布什的前首席经济顾问，2002年。

能源供应的安全对我们的繁荣和安全至关重要。世界上65%的已知石油储备集中在波斯湾，这意味着我们必须继续确保可靠地获得具有价格竞争力的石油，并对石油供应的任何重大中断作出迅速和充分的反应。

第二十五章

美国不能继续无限期地发动石油战争

2001年1月布什-
切尼政府上任时，国际油价约为每桶22美元。现在，几乎八年后，油价在**每桶**150美元左右徘徊，涨幅超过百分之五百。因此，就石油而言，事情并没有按照布什-
切尼政府的新布尔什维克在伊拉克的计划和预期进行。首先，他们认为喷涌而出的伊拉克石油可以支付入侵和占领该国的费用。相反，这次冒险的开支预计将达到一万亿美元，而美国经济的总成本预计将超过三万亿美元。

其次，油价处于创纪录的水平，看不到峰值，有可能使美国和全球经济陷入长期的经济衰退。这部分是由于伊拉克的石油产量没有像预期的那样增加，而是比2003年美国入侵和占领伊拉克时的产量低。从宏观经济角度来看，这场非法的、被误导的战争是一场灾难。

然而，尽管在被问及离开伊拉克的问题时，布什-
切尼政府零星地发表了虔诚的声明，但美国计划对伊拉克进行50年的军事占领。他们不想为结束对伊拉克的占领设定一个日期，因为他们认为这是一种无期限的军事占领。这是意料之中的事，因为入侵伊拉克的真正原因是为了追求控制中东石油的长期目标，以及保护以色列国免受穆斯林邻国的伤害。事实上，所有人都知道，美军对伊拉克的军事入侵与   "民主
"或人民的愿望毫无**关系**。这与确保伊拉克的石油储备和消除以色列的敌人之一萨达姆-侯赛因有很大关系。

2007年5月31日，美国国防部长罗伯特-
盖茨**确**认了这些长期计划，称美国希望在伊拉克
"长期和持续存在"。这就是为什么美国在巴格达建造了世界上最大的大使馆，在底格里斯河畔的100英亩土地上建造了21座建筑，将容纳约1000名工作人员。这也是为什么它正在将该穆斯林国家的100多个军事基地整合为14个永久性的超级军事基地--
所有这些都是为了在很长一段时间内对世界的这一部分进行军事控制。

这也是布什-
切尼政府大力推动伊拉克议会通过一项将伊拉克石油工业私有化的法律的原因。如果伊拉克目前的傀儡政权拒绝通过这样一部法律，即所谓的
"**碳氢化合物法**"，它将失去超过10亿美元的重建资金，这些资金将被布什-
切尼政府阻止。这种公开军事接管一个中东国家的石油资源的做法，肯定会助长世界上永久的恐怖主义和未来很长一段时间内中东地区的永久战争。

而如果美国人在2008年11月通过投票给推定的共和党总统提名人约翰-
麦凯恩参议员，选出了第三任共和党总统，这就是将发生的事情，因为这位政治家已经在世界的那片土地上进行了一场百年的战争。根据民意调查，绝大多数伊拉克人都反对其石油工业的私有化。然而，伊拉克石油的私有化是布什-切尼政府强加给伊拉克政府的主要 "标准 "之一。

他们在被占领的伊拉克建立了一个傀儡政府，即使有必要施加一些压力，也是在交付货物。例如，2007年7月3日，美国控制的马利基内阁在逊尼派部长缺席的情况下，批准了美国支持的石油法案，该法案将在伊拉克三大集团之间分配伊拉克的石油财富，但更重要的是允许美国和外国石油公司进入伊拉克的石油部门，并根据所谓的产量分享协议颁布私有化。这是一个关键的政策目标，甚至是布什-

切尼白宫制定的
"基准"，但迄今为止，由于广泛的抗议，伊拉克议会一直
不愿意批准所需的有争议的立法，因为许多伊拉克人非常
不愿意采取与外国石油公司分享石油生产和收入的政策，
尤其是在这些石油被 "枪口 "夺走的情况下。

伊拉克的石油工业自1975年起被国有化，距今已有约33年
。事实上，在美国军事入侵和占领伊拉克之前，伊拉克的
油田是由伊拉克政府通过一家国有公司控制的。这是伊拉
克相对较高的生活水平的基础，伊拉克拥有该地区最好的
医疗保健系统之一，人均培养的博士人数超过美国。根据
他们对伊拉克的军事占领和拟议的石油交易，伊拉克的大
部分石油生产和收入将由外国石油公司控制，主要是美国
和英国的EXXON/Mobil、Chevron/Texaco、BP/AMOCO和
皇家荷兰/壳牌。

发动对伊拉克的非法入侵的两个主要原因之一是在美国军
队的监视下保持石油的流动，另一个原因是摧毁以色列的
一个战略敌人。许多有见识的观察家，如澳大利亚国防部
长布兰登-纳尔逊（Brendan
Nelson）表示，维护中东地区的   "资源安全
"是入侵和占领伊拉克的优先事项。这就是为什么当美国军
队于2003年4月初抵达巴格达时，他们被命令只保护一种类
型的政府大楼，即伊拉克石油部的大楼。其他一切都无关
紧要。

最后，应该回顾一下，2002年10月11日，美国参议院以77
比23的投票结果，授权乔治-布什和迪克-
切尼对伊拉克发动侵略战争。现任总统候选人约翰-
麦凯恩和前总统候选人希拉里-
克林顿投票支持这项决议。还应该记得，十天前，中央情
报局（CIA）发布了一份90页的机密版《国家情报评估》
，其中包含了一长串如果美国入侵伊拉克的可怕后果。该
报告提供给了100名参议员，但只有6名参议员愿意阅读。
有了这些知识，人们现在可以深入了解在这场战争开始之

前，华盛顿特区是如何作出决定的。即使在生死攸关的问题上，即兴创作也大规模地占了上风。而现在，在中东和世界各地播下了永久军事占领、永久战争和永久恐怖主义的**种子**。**事**实上，我们是在为石油而战。

这种错误政策的代价将是高昂的，并将持续多年。事实上，许多美国人开始看到伊拉克与战争有关的开支和赤字与目前的经济衰退和加速的通货膨胀之间的联系。这种浪费和战争开支减少了可用于资助从教育到基础设施等其他基本国家政府项目的财政资源。它们增加了国际收支赤字，迫使美国从国外借款。而当美联储降低利率以缓解银行危机时，美元崩溃，当油价和所有其他与运输和全球贸易商品**有关的价格上**涨时，进一步助长了通货膨胀。目前的滞胀是美国在海外过度军事开支的直接后果。大多数美国人越早意识到这一点，就越好。

但在2008年，在汽油价格**达到**创纪录水平的情况下，有一个摆脱困境的办法，那就是稳定汽油价格，稳定美国经济。让政府开放所有的战略石油储备，建立自己的炼油厂，利用国会法案设立的非营利组织，以略高于成本的价格生产汽油。取消对野生钻探的征税，这将使越来越多的小型钻探者回到美国的石油勘探业务中。这将减少石油公司的贪婪，有助于阻止他们对越来越大的利润的贪婪欲望。

美国不能无限期地继续为石油发动战争，即使是在
"打击恐怖主义
"的幌子下。尽管美国很强大，但它不能继续在无休止的战争中无限期地消耗其资源，这就是为什么写宪法是为了防止这种事情发生。但是，通过践踏宪法和无视国家的最高法律，布什-
切尼政府使美国走上了这样一条灾难性的道路。结局是可以预见的。

与此同时，伊拉克战争仍在继续，尽管87%的美国人反对战争，而众议院和参议院的民主党人似乎无力按照2007年1

1月选举中给予他们的授权立即停止战争。

那么，**伊拉克的未来会怎**样呢？战争是否会在违反宪法的情况下**拖下去，或者将于**2009年上任的新政府是否能够结束这场彻底的灾难？这还有待观察。

已经出版

阴谋家的等级制度
300人委员会的历史

作者：约翰-科尔曼

这个反对上帝和人类的公开阴谋包括对大多数人类的奴役

撒谎的外交
英国和美国政府的背叛行为记述

作者：约翰-科尔曼

联合国的创建历史是一个通过谎言进行外交的典型案例

罗思柴尔德王朝

作者：约翰-科尔曼

历史事件往往是由一只 "隐藏的手 "造成的。